カレーライスは日本食

——わたしの体験的食文化史

剣持　弘子

はじめに

八十三歳の誕生日を目前に、あらためてなにか息子たちに伝えておきたいと思ったとき、「食べ物の記憶」を選んだのは母親としてごく自然なことだったと思う。

誕生日には長男と次男夫婦が毎年交代で食事に呼んでくれるのだが、昨年のその日に合わせて、一気に書いた文章を彼らにメールで送り、当日の話題にしてもらった。妹も居合わせて、「津高の同期生にも読んでもらったら?」と提案してくれた。

昭和二十七年卒業の津高等学校の同期生は、終戦直後の進駐軍の指導により、旧制時代の数校が合併し、一学年十五クラス、総勢七百五十人という大所帯であった。卒業後、多くの人が家庭をもって落ちついた頃、関東在住者はざっと百人になっていた。

約四十年前から続いている東京同期会には毎年数十人の出席者がある。同期会の出席率としては良い方だろう。近年はけが人や物故者が増えたが、それでも四十人前後の出席を得て、今も続いている。幹事は男女各二人、毎年、会の開かれている間に次年度の幹事を決めるので空白になることはなかった。

昨年の幹事の一人が、われわれの年代には珍しくパソコンが使えて、おまけに簡易製本までできる岩津英資氏であった。

おかげで、『津の味・母の味』と題した小冊子を出席者に配ることができた。余分に作ってくれたその冊子を、同期生以外の友人・知人にも配ったところ、予想外の反響を得た。そして、「ちゃんとした本にすれば」と言ってくれる人も現れ、それが今回、実現することになった。

みんなの反響を聞いて、わかったことがある。私はそれまで、同年配の友人たちは同じような食体験をしているものと思い込んでいたが、じつはそうでもないことに気づかされることになったのだ。なにが違ったのだろう?

明治の末期に岐阜県大垣市の郊外に生まれた母は、没落しつつあった地主の家に育っていたから、当然のことのように、仕事に就く必要を感じて上級学校に進み、愛知県津島市の女学校の英語教師となった。数年後、家庭に入ったが、とくに食に関しては、ほとんど結婚後に自習したようである。私が物心ついた時には家に「主婦之友」や「婦人倶楽部」があったから、それらが先生だったのだろう。

また、父は北海道の出身で、長男でありながら家督を弟にゆずって、はるばる三重高等農林学校(高農)に遊学し、卒業後は母と同じ女学校で理科の教師をしていた。そして結婚後、恩師の招きで高農に奉職するようになったと聞く。

つまり、母は伝統にも因習にもとらわれない環境で家事を切り盛りできたということであった。

たまたま、岩波書店の、石毛直道著『日本の食文化史―旧石器時代から現代まで』を読む機会があった。

それによると、明治の開国によって欧米との体格の差の原因が食べ物にあると気づかされ、積極的に食の欧米化が進められ、それは中流家庭から始まったということであった。だが、あまり具体例は示されていなかった。

中流家庭といっても、経済面だけのことではない。母には自由な空間があったということだろう。

母の実践は、まさに、食の欧米化の具体例ではなかったか？

急に貴重な事例のような気がしてきた。

ところで、母は当時にしてはなかなか開明的なものの考え方をしていたと思われる。そもそも大正時代に英語教師を目指したことからして、その証拠ではなかったか？　その原因としては、一家が、田舎にありながら、外に向かって開かれていたことにあるのだろう。いわゆるメセナ（文化、芸術支援）の役を果たすこともあったらしい。松井須磨子をしばらく滞在させたり、後に浪曲師となった若い日の春日井梅鶯を応援したりしたという話を聞いたことがあった。

母の一面を表す例を示そう。その母の言葉が私の進路を決めた。

私は高校を卒業した時、すぐに進学することができなかった。家庭の経済事情が厳しかったこともあったが、それ以上に父の無理解があった。いったんはあきらめて会社勤めをはじめたが、二年後、妹の進学に際して問題が蒸し返されることになった。私は、自分も応援するから妹を進学させてほしいと殊勝な提案をした。

だが、母は姉妹の不平等を許さなかった。とはいえ経済事情が厳しいことはわかっていた。ところが、思いがけないことから進学の道が開かれたのである。

昭和二十八年（一九五三年）東海地方を襲った台風十三号による高潮で、津の海岸の堤防が決壊し、わが家は鴨居まで海水に浸かった。大変な被害を被ったのだが、ありがたいことに公的な補償金が出た。母はその金で家財を新調する代わりに、娘二人を進学させる道を選んでくれた。

とはいえ、二人同時に進学させるのは容易なことではなかったと思う。兄もまだ学業半ばであったし、さらに四年後には弟の進学も控えていた。

地元での進学は選択肢が少なく、東京に出ることに反対は出なかった。

妹はすんなり社会福祉の道に進んだ。現役であったし成績もよかったので、大学は授業料免除となった。だが、私にそんな特典はなかった。

ところで、当時、ほんの数年間の試みであったらしいが、大学受験のための、全国一斉、進学適性検査（進適）というものがあった。今のセンター試験や、その前の共通一次試験のようなものである。それを受けなければ、少なくとも国立大学は受験できなかった。ただ、進適は、学力テストというより知能テストに近かった。卒業後二年間のブランクに学科には自信を失いつつあった私にとってこの試験は有利だった。結局、男子に伍してかなりの成績を収めたことを知って、女子の進学に消極的だった父も考えをあらためたのか、以後、まったく口出ししなくなった。

昭和二十年代の後半当時、津には予備校も塾もなかった。世の中にそういうものがあることも知らなかった。受験雑誌を講読するという知恵も浮かばなかった。

日が経つにつれ、受験で自分の力がどこまで通用するのか、不安がつのってきた。相談しようと母校に行ったら、担任だった先生をはじめ頼れるような先生方は、定年で退職されていたり、転勤されたりしていた。捨てずにあった教科書を読みはじめたが、身が入らない。文系の科目はなんとかなりそうだったが、理科と数学が厳しいと思われた。国立はとても無理、私立も、一流といわれるところは無理だろうと、だんだん自信がなくなってきた。なにを学びたいのかさえ、わからなくなってきた。

悩んでいる私を見て、母が助言してくれた。母は、仕事を優先し、家庭に入ってから料理を覚えるようになった自分の道とは逆のコースもあると示唆してくれたのだった。

「食べることは、だれにとっても一生の問題。まず、料理のわざや栄養の知識を習得して、毎日なにを食べようかと頭を悩ます心配をなくしておいて、あとは一生かかって好きなことを勉強し、仕事にもすればいい」と。

そして、婦人雑誌で知った香川綾先生が学長を務める女子栄養短期大学をすすめてくれたのであった。当時、まだ実学系の大学はどこも四年生になっていなかった。母はさらに、

「二人を東京に出すお金はそれぞれ二年分しかない。もっと学びたくなったら、その先は自分でなんとかしなさい」と言った。

母は人生を長いスパンで考え、大学のランクなどを問題にすることはなかったのだ。

こうして、私は栄養士をめざして進学した。

母が尊敬していた香川綾先生は、その頃は学長であったが、授業も担当しておられた。階段教

室で病人食を講義していただいたことを思い出す。

先生は医師を目指して東京女子医専を出られたが、東大の医局に入って「病気になってから治すよりも、病気にならない身体をつくる」ことの重要さに気づかれ、地道な実験を積み重ねて栄養学を唱導された。そして、さらに料理を計量化することによって、それまで、料理人の勘と経験に頼ってきた料理をだれにも容易にできるようにする努力をされた。

同じ医局の香川昇三先生と結婚されて、やがて、大学の基礎となる「家庭食養研究所」を立ち上げられた。戦前のことであった。その後、女子栄養学園を経て短大、四年制大学、さらに修士課程、博士課程の設置へという発展はよく知られるとおりである。

私が入学した頃は、先生が考案された、計量カップや計量スプーンが使われはじめたばかりであった。この料理の計量化の効用は、私自身、卒業後、とくに集団給食には欠かせないものとして、さらに実感されることになった。

香川綾先生の、まさに超人的なご努力のおかげで、人間の健康にとって食べることがいかに大事かということが、少しずつでも広まってきていた。単に食の欧米化というだけではなかった。

最近、母の遺品の中に興味深いものが見つかった。いずれも昭和二十九年に母が受けた三種の賞状である。この年は私が進学した年でもあった。当時こういう運動が各地で盛んになってきていたのだろう。戦後の食の歴史にとって意味深いものと思われるので挙げておく。

1、郷土料理コンクール第一位（大日本雄弁会講談社　婦人倶楽部　伊勢新聞社）
2、食生活改善三重県コンクール第二位（三重県知事　青木理）

3、栄養改善献立料理　粉食料理の部コンクール一等（三重県津保健所長　阪巻市雄）

卒業後、いったん津に帰って料理教室に勤めたあと、私は母校の推せんで、都立高校定時制の給食の創設に参加して、栄養士として勤め、そのあと、家庭に入った。

家庭に入ってから、私は一生の仕事を模索しながら、習得した栄養の知識を家庭で生かすことから始めた。少なくとも二人の息子にはその影響は小さくなかったと思う。彼らのエピソードの一端は本文中で紹介する。

もう、女が家庭に入ったら外界とは断絶するという時代ではなくなっていた。テレビ放送も始まりつつあったし、私が新聞を読む時間は格段に増えた。読書の幅も広げることができたし、交友関係はむしろ広がった。社会に目を向けようとする女性が増えつつあった時代である。たまま出会った生協やＰＴＡや、自ら仲間と立ち上げた子どものための文庫活動でも、友人も増えたし、私の知識を多少とも生かす機会もあった。

そんな中、カルチャースクールで、当時日本女子大教授であった小澤俊夫先生に出会って大きな刺激を受け、昔話研究という新しい道に足を踏み入れることになった。イタリア語を学び、視野を広げる努力もした。

語りの現場に出て調査をする機会もあったし、研究の成果として何冊か本を出版することもできた。学会で研究発表をしたり、シンポジウムに招かれたりするようにもなったが、けががもとで動けなくなった今、それでもめげずにできることを探して吸収したり、パソコンに向かって吐きだしたりしている。学会からも退場していないし、研究会ともパソコンで繋がっている。人生を総括するのはまだ早いと思っている。

昔話を語り継ぐことも、食べることも、民衆が営みつづけてきた文化として括ることができるだろう。私の中では、それらはちゃんと繋がっている。そして、本稿も、近代日本が歩んできた道程を、さまざまな比較の視点で切り取っており、けっして単なる思い出話ではないことを強調したい。

栄養士としての使命も忘れたわけではなく、現在暮らしている老人ホームでは、食事を提供される側として〈建設的な〉感想を厨房にとどけ続けている。

母の助言どおり、私は今も現役のつもりである。

平成二十九年初秋

剣持　弘子

目次

三章　海外体験　外への視線

四章　食の国際化

五章　外に出る主婦たちとファストフード

終章　食の未来を見据えて

カバー・表紙デザイン／剣持章生
カバー・表紙・本文イラスト／剣持晶子
写真／山野井春佳、剣持章生

一章　津の味・母の味

カレーライス●カレーライスは日本食

私が初めてカレーライスを食べたのは、国民学校（小学校）四年生の時だった。戦争ははじまっていたが、本土空襲はまだ噂にもならず、比較的穏やかな時代だった。カレーライスは母が作ってくれた誕生日のご馳走だった。もちろん、当時、便利なカレールウなど売っているわけはない。ただ、カレー粉はあったようだ。多分、当時母が購読していた「主婦之友」か「婦人倶楽部」にでも作り方が載っていたのだろう。小麦粉をバターで炒めて、少しずつお湯を足してのばしていたような気がする。美味しかった。私の誕生日は七月だから、カレーライスはまさにぴったりのご馳走だった。それ以来私はカレーライスが好きになった。私のカレーライスの味の原点はここにある。ちなみに、次の年の誕生日のご馳走は、チキンライスだった。レモン型で抜いたケチャップ味のご飯の上にグリーンピースが飾ってあった。

ちょっと時計の針を進めて、昭和二十九年、私が受験のために東京の叔母の家に滞在していた時のことである。忙しい叔母に代わって夕食の支度をまかされて、まず作ったのがカレーライスだった。その時、年下の従兄弟たちが「うちのカレーと違う」と言った。それが褒め言葉なのか、失望を表したものなのか、じつはいまだにわからないままである。聞きただす勇気がなかった。

次に思い出すのが、プロの味である。学生時代、団体給食の実習に行ったのは、石川島重工業の社員食堂の調理場であった。大量のカレーの味を最高に、しかも不変に保つために、煮詰められたルウが保存され、毎日それを使っていた。コクのある、じつに良い味だった。こういう風にプロの料理人によって錬成《れんせい》されたルウが、その後出回る市販のルウの原点ではないかと思われる。いつの間にか私も便利な市販のルウを使うようになったが、あの時の味が、市販のルウを選ぶ基準になっていた。今風のやたらに辛いものは選ばない。子どもたちが独立すると、さらに老人向けのマイルドな味に落ち着いていったのだが、最後にたどり着いたのは、ハウスのバーモントカレー甘口で、これに、ニンニクとトマトを加えていた。リンゴを加えていたこともあったし、果物を原料としたチャツネなんて甘いものを入れていたこともあったが、甘いのには飽きがきた。具はよく炒めたタマネギと人参《にんじん》、それに欠かせないのが、ジャガ芋であった。肉はだいたい鶏肉であった。これは夫の好みを慮《おもんぱか》ってのことであった。私は津でなじんでいた松阪肉の牛コマがないなら、豚コマの方がよかったが妥協した。角切りの牛肉がごろごろなんていうのはまったく好みではなかった。

今暮らしている老人ホームには、入居まもない頃、献立にカレーライスがないことに気がついて、リクエストしたことがあった。要望が入れられて、今ではほぼ隔週に献立にのぼるようになったが、少々複雑な思いもある。思ったよりカレーが苦手な人が多いのだ。ここでは毎食一フロアごとに食堂で食べるのだが、六階の十二人のうち、五人がカレーを拒否してほかのものを食べている。何に代えているのかと覗いて見れば、カレーの中身を和風に味付けしたものらしい。まさに、「信じられない！」であった。この中では私が一番若いとはいえ、彼女たちの若い頃にはカレーはすでに特別な料理ではなかっただろうし、第一、子どもは、カレーが好きではなかったか？　試しに、私の次に若い、二つ年上の女性にきいてみた。「子どもたちにカレーは作らなかったの？」と。すると、「箱に書いてあった作り方を読んで作ったことはあるけど、美味しいとは思っていなかった」ということだった。彼女の子どもの頃は、私がなじんでいたほどには世間にカレーは浸透していなかったらしい。どうやら、私の方が特別だったようだ。

ひるがえってわが家では私の好みを映して、全員がカレー好きであった。一九七七年、わが家が横浜の団地から座間の団地（座間ハイツ）に引っ越した時、五年生だった次男の友だちを一泊で、招いたことがあった。夕食は当然のようにカレーで、翌朝もカレー。温めなおした朝食のカレーを、とりわけ次男が好んだ。そのあと、子どもたちは二人で、元の団地に行った。昼食は先方のお母さんがレストランに連れて行ってくれたとかで、カツカレーを選んで食べて帰ってきた。わが家に戻ってきても、次男はカレーの残りを喜んで食べた。

長男にもカレーのエピソードはある。彼が小学校六年生の時、私が珍しく風邪で寝込んだことがあった。その時、長男が「カレーを作ってあげる」と言ってくれた。家庭科で習ったのだそうだ。ノートを見ながら、ずいぶん長いことかかってやっとできあがったカレーは、煮詰まってこってりし過ぎていた。お湯が蒸発して減ることを勘定に入れていなかったらしい。よい経験にはなったと思うが、その後、もう作ってくれることはなかった。

ところで、私は一九九〇年四月から翌年の三月まで一年間イタリアのフィレンツェに滞在した。夫と二人だったので、アパートを借りて自炊した。そして、普通に家庭料理を作った。当然、ハウスのバーモントカレーの甘口をしこたま持っていった。当地の友人が不要になった電気釜をゆずってくれ、お米は当地で買った。フィレンツェでは主にリゾット用の米が一キロ入りの袋で売られていたから、たくさんある銘柄から一つ一つ試していった末に日本の米に近いものを探し当てた。

いくらイタリア料理が美味しいといっても、毎日では飽きてしまう。日本のようにバラエティに富んではいなくて、じきに飽きが来る。週末だけはレストランでイタリア料理を楽しんだが、あとは家で日本風の家庭料理を作った。友人はイタリア人のご主人に先立たれて一人暮らしだったので、週に一度は夕食に招待した。彼女は、初め、「カレーは苦手だ」と言っていた。声楽家だったので、「喉を痛める辛いものは避けている」ということだった。どんなカレーをイメージしていたのか、喉を痛めるほど辛いカレーを作ったことがなかった私は、「まあ、試しにわが家のカレーを食べてみて」とすすめた。どうやら気に入ったらしく、その後もだまって食べてくれた。

その年、フィレンツェに語学留学に来ていた若い人たちが、「なにか食べさせて」とわが家に来ることもあった。手っ取り早く、カレーをふるまった。「カレーを食べるとほっとする」と彼らは言った。また、イタリアを旅行していた人たちが、わが家に立寄ってくれた時、カレーを食べて、「ほっとする」と言ったことは再三あった。

カレーライスは一応洋食と捉えられているが、じつは、すっかり日本人になじんだ「日本食」なのだとあらためて感じ入った。刺し身もてんぷらも恋しいと思ったことはなかったが、カレーがなかったら、つらかっただろう。

亡夫は「新宿中村屋のカレーが一番だ」と言っていた。私は、それを二度食べたことがあるが、これは私のイメージするカレーとは違った。たしかに美味しいことは美味しかったが、気取っていて、家庭の味とは別物だった。これはまさに洋食なのだろう。ソースポットの中に、大きな骨付き肉がゴロンと横たわっていて、野菜は全部漉《こ》されていたのか、姿は見えない。私はそんなカリー・アンド・ライスではなくて、あくまでも家庭的なカレーライスが好きなのだ。

手術を受けた整形外科の先生を追いかけて、三か月に一度、転任先の横須賀の病院に定期検査のために通うようになってから数年経つ。それまでの聖マリアンナ医科大学病院は車で片道四十五分ほど、それでも遠いと思っていたが、横須賀ではさらに遠くなると一時はためらった。だが結局、高速道路を使えば四十分で行けることがわかった。おまけに、気の遠くなるほど待たされていた聖マリに比べて待ち時間がぐっと短縮され、診察が終わってから、食事をしたり、買い物したりする楽しみが増えた。

横須賀といえば、横須賀海軍カレーである。このカレーライスはかなり家庭的な味で、具もゴロゴロ入っている。これが日本のカレーライスの原点らしい。一番人気の店は混んでいて、おまけに店は二階にあり、エレベーターがなかったから、脚の悪い私には度々行けるところではなかった。二回ほど行ったが、結局、その後、ショッピングセンターの中にも海軍カレーを食べさせてくれるところがあることがわかり、そちらに行くことにした。でも、その店の海軍カレーは期待外れで、以後、病院通いの昼食はスパゲッティに標的を変え、いろいろな味を試しながら、今に至っている。

最近のことだが、友人二人がわが家に来てくれたとき、話題が海軍カレーに及んだ。すると、友人の一人が、

「横須賀海軍カレーって、家で作るようなカレーじゃないの?」と言う。なんでそんなものに

こだわるのか不思議に思ったらしい。私は、まさにその家で作るようなカレーが食べたかったのだ。自分で作れる環境になかったからだ。それを聞いて、友人は納得してくれたようだ。今のところ、ありがたいことにこの老人ホームの何の変哲もないようなカレーライスが一番口に合う、というところに落ちつきそうだ。

これはネットの情報だが、外国からの観光客が日本のマイルドなカレーライスを気に入っているとか。彼らにとっては、日本のカレーライスは、どうやら日本食ということらしい。

かまぼことはんぺん●かたいか柔かいか

最近のことだが、津高校時代の友人と話していて、かまぼこ談義で盛り上がった。

「小田原かまぼこが高級だっていうけど、あんなかたいかまぼこのどこがいいの？　まるでゴム噛んでいるみたい」

と、いうわけである。かまぼこは魚の擂《す》り身と小麦粉を混ぜて作っていて、小麦粉が少ないほど弾力があって高級なのだそうだ。そんなに弾力って大事なの？　と私などは思ってしまうが。

一方、津のかまぼこはおそらく魚の割合が少ないのだろう。あまりかたくない。それを高級ではないというなら、それでもいい。美味しければいいのである。また、津のはんぺんはかまぼことは反対に、適度な噛みごたえがあって、火を通してもぺしゃんこになったりしない。甘辛く煮て弁当のおかずになんて、高級かまぼこや紀文のふわふわはんぺんにはできない芸当である。

東京に遊学していた頃、友人が二人、津のわが家に来てくれたことがあった。母が自慢の料理を出してくれたのだが、その中で特製のサラダがとくに評判がよかった。マッシュされていないジャガ芋と胡瓜《きゅうり》、それに津のかまぼこが入っていた。高級かまぼこでは出せない、ほどほどの噛みごたえと素朴ながらしゃれた旨味、おまけにマヨネーズは手製であった。

当時、マヨネーズは母が手作りしていた。私も特訓を受けて、ずっと手作りしていた。卵の黄身にサラダ油を少しずつ混ぜていくのだが、下手すると分離してしまう。少しずつ酢を垂らして柔らかさを調節しながら、塩コショウも加えて、菜箸を数本使って混ぜていく。金物の泡立て器より木の菜箸の方が柔らかく仕上がるような気がしていた。市販のマヨネーズとは比べ物にならない味と風味を今でも舌と鼻が覚えている。東京で近所にいた友人に乞われて、作り方を伝授したこともあった。ところがわが家の男たち、夫と息子二人にはその違いがわからなかったらしい。労力に見合う評価が得られなくて、いつのまにか作るのをやめてしまった。

また、私は茶わん蒸しが得意だった。これも母の味である。料理屋で出るような上品な器ではなく、その三倍はあるような大きな家庭用の茶わん蒸し器にあふれるほどの中身を誇る代物であった。

毎年、暮れには大量の濃い出し汁を作り、おせち用の煮しめや年越しそば、それにお雑煮の分も合わせて冷蔵庫に保存しておいて、それを薄めて茶わん蒸しにも使っていた。昆布とカツ節と、それに干し椎茸の出し汁である。

茶わん蒸しの中身は、鶏肉、銀杏、椎茸、百合根、そして、かまぼこにはんぺん、最後に三つ葉という本格的なものだった。手がかかる料理だったから、そうしょっちゅうというわけにはいかなかったが、少なくとも、お正月には作っていた。

東京や横浜で暮らすようになってからは、紀文のはんぺんと小田原のかまぼこを使った。そして、やっぱり、大きめの器に縁までたっぷり作っていた。津のはんぺんは、変にふわふわではなかったから、熱で膨らんだり縮んだりしない。それに対して、紀文のはんぺんは蒸し上がりは膨らんでいるが、すぐにぺしゃんこになってしまう。そのはんぺんをとくに次男がいやがった。

私が津にいた頃は、既製の食品などはほとんどなかったから、母がいろいろ工夫する料理がなによりのご馳走だった。たしか高校生だったある日、近所に住んでいたTちゃんと二人、わが家でおしゃべりに興じていると、珍しく母がおやつを出してくれた。それが、なんと〈おだまき蒸し〉だった。彼女は「あんたとこはこんなしゃれたものを食べてるの?!」と驚いていたが私も驚いた。おだまき蒸しとは、茶わん蒸しの中にうどんが入ったものだ。母はもともと茶わん蒸しが得意ではあったが、ちょっと遊びに来た娘の友だちのおやつに出すなんて！

母にしてみれば、たまたま試していたところにTちゃんが来たということなのかもしれないが。

茶わん蒸し●科学的なのかケチなのか

茶わん蒸しのコツは、いかに卵をうまく滑らかに固まらせるかにある。とはいえ、けっして難しいことではない。滑らかに溶きほぐした卵の三倍ないしは三・五倍の出し汁で溶かせばちょうどよく固まる。母は使った卵の殻で出し汁を量っていた。

私は、学校で教わったとおり、計量していた。卵がだいたい五十グラムとして大きさによって百五十ないしは二百cc（㎖）と計量カップで量っていた。

それぞれ下処理（椎茸は水にもどして甘辛く煮る。銀杏は殻をむいて茹でる。百合根は薄甘く、さっと煮る。鶏肉は生のまま醤油をからめる。かまぼことはんぺんはそのまま）し、茶わん蒸しの器に入れる。

卵は溶きほぐして漉すが、普段用には少しぐらい固まりがあっても気にしない。漉したものを捨てるのはもったいない。湯気の立った蒸し器で約十分あまり、極端に弱くない弱火で蒸す。竹串を刺してみて何もついてこなければできあがり。最後に三つ葉をのせて取り出して、蓋をする。そんなに難しい料理ではない。

だが、量を間違えたら取り返しがつかないから、二の足を踏む人が多いようだ。

私は、新婚の友人に頼まれてお宅までわざわざ茶わん蒸しを作りに行ったことが二度ある。

戦後あまり経っていない当時、世の中には茶わん蒸しの存在も知らない人が多かったのだから、彼女たちは料理に関心を持っていた方だったであろう。

最初は、私が高校を出て進学する前の二年間中部電力に勤めていた時の同僚、二年先輩で面倒見のよいお姉さん株だった。津城主藤堂家の家老の家柄だとか、まあ、それなりの格式を持った家だから、教養もあったはずだ。その彼女に、茶わん蒸しの作り方を教えて欲しいと頼まれて、新婚家庭に伺った時のことだ。

人さまの材料を使って料理するのだから、無駄があってはいけないという気持ちもあったのだと思う。ご夫婦と同居のお姑さん、それに私の分を併せて四人分作ればいいと思った。蒸し器には茶わんが四個しか入らないから、ちょうどよい。

上出来であった。ところが、である。

「どうして余分に作ってくれなかったの？」と言われてしまった。冷蔵庫で保存して明日も温め直して食べたいということだった。茶わん蒸しをそんな風に余分に作ったことがなかったので、心底驚いた。だが、そういうこともあるかと、勉強させてもらった。

ところが同じことがまた起こった。

その時から数年後、私はまた、別の新婚の友人に呼ばれて茶わん蒸しを作りに行った。彼女とは独身時代に二年間だったが、いっしょに下宿住まいをしていたことがある。私が定時制高校で栄養士をしていた頃、同じ職場で数学の教師をしていた同僚で、彼女は私より一つ下だった。下宿は学校の近くの四畳半のアパートであった。

その話を今の若い子にすると、

「ひえー！　四畳半にふたり～？」と驚かれてしまった。

「その頃は、それでもましな方だったのよ」といいながら、すっかり昔話になってしまった当時を思い出していた。

ところで、青春時代を共に送ったその彼女は、結婚すると、一足先に結婚していた私に、やはり、

「茶わん蒸しを作りに来て欲しい」

と、頼んできたのだった。さっそく出向くと、材料はすでに買い込んであった。

私は、以前のことはすっかり忘れて、やはり人数分しか作らなかった。これは、言い訳すれば、職場で余分に作らなかったことが身に付いてしまっていたということになるが、多分、私の融通の利かなさが露呈したといった方が当たっていたのかもしれない。

彼女は私のまわりをうろうろしながら、

「みりんを入れると旨味が出るんだって」

などと聞いたふうなことをつぶやいている。

「だいたい素人は枝葉末節ばかり気にして……」

と、私はとりあわない。

できあがると、彼女は、

「どうして、もっと作ってくれなかったの？」

と、咎《とが》めるではないか！

私は何年か前のことを、はっと、思い出した。まったく私って……。


それから何十年も経って、あるとき、私は研究会での友人Nさんに、八ケ岳山麓の別荘に招かれた。彼女の友人Tさんもいっしょだった。

「お土産はいいから、〈ミネストローネ〉を作って」と、頼まれていた。

ミネストローネは材料さえ揃えばそんなに難しい料理ではない。イタリア料理ではあるが、気取ったレストランのメニューというより、家庭料理なのである。こうあらねば、などというものではない。

私は自分の好みで作ることにした。

材料は、タマネギ、ジャガ芋、人参、大豆の水煮缶、トマト缶、ベーコン。タマネギはよく炒めた方が美味しいが、あとは煮込めばよい。

慣れない他人の家のキッチンで、野菜を細かく刻むのに時間がかかった。私は栄養士ではあるが、有能な練達のコックではないから、そんなに手際は良い方ではない。

今は大豆もトマトも水煮缶があるから簡単ではある。何でもそうであるが、これも決め手は塩加減である。味をみて、大丈夫、なんとか昼に間に合わせることができた。やれやれ……。ところが、である。

「どうして余分に作ってくれなかったの?」

と、また言われてしまったのだ。たしかに……。主婦感覚ならこういう場合、余分に作ったかもしれない。だが、つい職場の感覚で、余分に作るのはまずいという感覚だったのだろう。もうこういう機会はないだろう。やれやれ。

うどん●西のうどん・東のそば

津のうどんといえば大門町の《大森屋》である。ここは元、小学校の同級生の家だったと記憶しているが、数年前に行ってみたら、所有者は代わっていた。だが、名物きしめんは、かやくうどんと名を変えて健在だった。メニューになかったので、私が、

「昔あった、いろいろ具が入ったうどん」と言ったら、すぐに、

「ああ、きしめんですね」と答えてくれた。名古屋のきしめんと紛らわしいので、名を変えたようだ。太い麺は讃岐うどんのような腰はなく、私はそれが懐かしかった。近ごろ、伊勢うどんというのが脚光を浴びているようだが、私はまだ食べたことがない。このうどんも柔らかい太いうどんだということなので、一度食べてみたいと思っている。

ところで、懐かしい大森屋のきしめんだが、薄口醤油を使っているのか、醤油を控えているのか、汁は白い。出し汁はなにを使っているか聞きそびれたが、一般に津では煮干しを使うことが多いようである。わが家でも、味噌汁に煮干しを丸ごと使い、「骨が丈夫になるから」と食べさせられたが、私は逃げていて、今ごろ罰が当たっている。

きしめんの具はかまぼことはんぺん、それに油揚げと麸と浅草海苔が定番だった。この時は浅草海苔ではなく、ワカメが入っていた。もちろん、かまぼこは柔らかめ、そしてはんぺんは歯ごたえのある津のはんぺんだった。油揚げも東京のものより、厚みがあった。半世紀ぶりに堪能した。

NHKの番組「ブラタモリ」でタモリ氏が「うどんは福岡に限る」というのを聞いて、笑ってしまった。郷土の味は格別なのである。

うどんとそばは単純に西と東には分けられないとも

大森屋本店。昔はうどん屋だったが、今はラーメンが看板になっているようだった。だが、今もうどんはある。

大森屋の、昔ながらのうどん、きしめん。分厚い油揚げと太いうどん、そしてぺしゃんこにならないはんぺん。柔らかめのかまぼこ。

聞く。だが、やはりそれぞれの特徴があって当然。また、ふるさとを持たない人も、何かしらこだわりをもっているのではないか。食べ物のこだわりなら、平和なものだ。

一般的に言って、東京はそば屋、津はうどん屋である。とくに昔はそうだった。津でそばを食べたことはあまりなかったし、東京ではあまりうどんは食べない。初めて東京のそば屋でうどんを食べたとき、真っ黒で塩辛いつゆに辟易したことを覚えている。今は東京でも讃岐うどんとか稲庭《いなにわ》うどんとか、うどんを看板にする店もあるが、あまり入ってみたいとは思わない。うどんは津に限る。

もう一つ、津の思い出の麺類に長崎ちゃんぽんがある。意外に思われるかもしれないが、私が初めて長崎ちゃんぽんに出会ったのが、津の丸の内の大通りに面した《白牡丹》であった。同級生の鯉江さんが店に立っているのを見かけたから、彼女の実家だったらしい。白牡丹は喫茶店だったのかもしれないが、食事もできる店だった。独特の太い麺と、白濁した中華風のスープ、それに、モヤシをはじめとする野菜がたっぷりのっていた。もちろん豚肉やかまぼこも入っていたと思う。美味しかった。

それから数十年後、長崎ちゃんぽんの袋入り即席麺がスーパーで見られるようになった。肉や野菜を自分でたっぷり足して、結構満足していた。夫はその太い麺があまりお気に召さなかったようだが、無視してときどき食卓にのせていた。その後、自分で作れない環境になって、外で食べられる店を探した。チェーン店のリンガーハットでも試したが、やはり、思い出の中の白牡丹のちゃんぽんが一番だったと今でも懐かしく思い出す。思い出の味というものはおそらく一流のコックの味にも勝るのだろう。

油揚げ●修学旅行のお稲荷さん

津の油揚げは東京や横浜のそれに比べると、もう少し厚みがあって、食べごたえがある。お総菜としての利用範囲は広い。この厚みのある油揚げのほかに、稲荷寿司用の、薄めで小型の油揚げも売っていて、遠足には必ずお稲荷さんと太巻き寿司というのが母の定番だった。わが家はけっして豊かではなかったが、要所要所では母がちょっと贅沢をさせてくれた。ただこれらの母の味は、残念ながら私の息子たちにはあまり好評ではなかったようだ。長男は関東の甘ったるい稲荷寿司の方が好きなのだそうだ。母の味の継承は難しい。

油揚げには忘れられない思い出がある。兄が小学校六年生の時だったから、昭和十七年の初夏だったと思う。戦争中のため、小学校の修学旅行が実施されるかどうか心配されていた。それが今回に限り実行と決まったのは、たしか前日のことであった。私は母に頼まれて小学校の近くの《伊庭豆腐店》に油揚げを買いに行った。豆腐屋さんには十数人の客が並んで待っていた。暖かい季節ではあったが日暮れ時だったので、客はみんな店の中の作業場まで入れてもらっていた。薄く切った豆腐が水切りされていて、それが次々に油で揚げられていく光景が今も目に残っている。並んで待っていたのは私も含め子どもが多かったが、次の年から修学旅行がなくなるという悲壮感からか、はしゃぐ子はいなかった。そういうわけで、以後、戦争が終わるまで修学旅行はお預けとなった。私も小学校では修学旅行に行っていない。

いばら餅と桜餅●いばらはいばらでも

いばら餅は今も津の名物である。平成の初め頃、東京の町田のデパートの〈ふるさと名産展〉でお目にかかった。なんとも懐かしかった。

そして数年前、私は息子たちに連れられて車椅子で津を訪れた。津は久しぶりだった。駅前で借りたレンタカーを観音さんの近くの駐車場に止めて、まず、《大森屋》できしめんを堪能した後、海岸町と名を変えた元の乙部《おとべ》のわが家の方に向かった。海岸通りはすっかり寂れていたが、通りがちょっと折れ曲がるあたりには、記憶のままに懐かしい二軒の餅屋が健在だった。《お焼屋》と《玉吉餅店》である。その日、店を開けていた玉吉餅店にはなんといばら餅が！

迷わずに買い、私は車椅子を押してもらいながら食べた。幸い人通りはなかった。その時、お焼屋の方は閉まっていたが、数年後に行ってみたら、和菓子店に変身して健在だった。そして、玉吉の方もリニューアルされていた。

いばら餅を食べながら向かったわが家の跡には草が生い茂っていた。

フェリーの発着所となった海岸に、かつての白砂青松の面影はなかった。砂浜もずっと狭くなっていた。様変わりした海岸町をあとにして、新しくできたフェニックス通りを十三間通り（広小路）に出てみると、なんと、お城の石垣が丸見え！　大通りにあったジャスコがなくなっていたのだった（今では百五銀行の新社屋が建っているらしいが）。

「えっ?!　津に城跡なんてあったの？」

長男がすっとんきょうな声をあげた。そういえば、城跡のことなど、話してなかったかもし

お焼屋も玉吉餅店も数年前に行った時はまだ古色蒼然としていた。この２軒は昔から、ちょっとずれた四つ角に向かい合っていて、どちらもよく利用していた。シャッター通りが多い中でこの２軒が新しくなったことは、今後が期待されるということか。

玉吉餅店。モダンにリニューアルされていたが、いばら餅はあった。

葵形のいばらの葉をはがして見せたいばら餅。

れない。荒れ果てた城跡など子どもの興味を引くとは思い及ばなかったらしい。私たちが子どもの頃は「藤堂高虎三十五万石（本当は三十二万石らしい）」と当たり前のことのように言い習わしていて、だれもが知っていたのに。いやしくも長男は歴史専攻である。小学生の頃は出はじめたばかりの『学習漫画 日本の歴史』に夢中になっていた。それなのに、藤堂高虎のことを話題にしなかったとはなんたること。そのくせ、夏休みに津に滞在中、松阪には連れて行った。本居宣長の鈴屋《すずのや》や、松阪城の跡にも行って、蒲生氏郷も話題にしたりした。ついでながら、松阪の銘菓は老いの伴、四日市の銘菓はなが餅、伊賀の銘菓は堅焼き、どれも好物である。伊勢の赤福はとくに有名で、これは母の好物だった。

ともあれ、さっそく高山《こうざん》さんの城跡に行ってみた。高虎の銅像があり、天守閣の跡は見分けることができたので、〈高虎が最後の城主になったとき、家康に恭順の意を表して、天守閣を再建しなかった〉ことなど豆知識を披露しておいた。お城の内堀は少し残っていたが、全体に荒れた感じは拭えなかった。岩田川を外堀にしていたことなど、私も近年になって知ったことだ。以前は丸の内、殿町、検校町、鷹匠町など、城下町を忍ばせる町名があったが、丸の内以外はほとんど消えてしまったらしい。

広小路通りに戻る。なんと、ここはシャッター通りになっていた。

かつて、息子たちは夏休みごとに従兄弟たちといっしょに私の兄に引き連れられて、ゲーム機目当てにジャスコまで行っていた。歴史どころではない。その兄は、また、海岸に行けばたこ焼きを買ってくれていた。私もその頃、津の海岸でたこ焼きの味を覚えたものだ。

長男は、大学二年生の時、

「学園祭でたこ焼きを焼くから食べに来い」と言った。

次男と行ってみると、テントの中で脇目も振らずにたこ焼きをひっくり返している。せっかくだから、次男に並ばせて食べた。家でも焼いてくれるというので、小さな家庭用のたこ焼きプレートを買って待っていたが、ついに実現しなかった。

さて時計の針を進めて、私たちは城跡を見たあと、駐車場から車を出して、津駅前のホテルに戻る途中、大きなスーパーのイオンがあるのを見つけて入ってみた。ここにも津名物いばら餅はちゃんとあった。ネットで調べて見ると、西日本では今も広く食べられているようだ。ただし、いばらの葉が手に入る初夏から盛夏限定らしい。

また、時計を巻き戻そう。戦後、わが家では食料難を補うために、父の勤務先の高農（高等農林学校）の農場を借りてサツマ芋を作っていた。拓殖訓練所（タックン）と呼ばれていた農場は、津海岸駅から近鉄電車に乗って約三十分北上し、千里《ちさと》駅からさらに三十分以上西の方に歩く山地にあった。夏休みには草取りのために家族で畑に行ったものだが、ある日、畑の脇の雑木林の中でいばらを見つけた。丸い葵形の葉を何枚も取って帰り、母はいばら餅を作った。二枚の葉っぱで挟んだ餅菓子である。あんは自家製の小豆あん。小豆は戦後しばらくの間、家の近くに借りていた畑で作っていたものだ。

米粉で作る柏餅とちがって、いばら餅は小麦粉で作る。小麦粉は水で溶くとまとまらないので、熱湯で溶いた。そんなことを母がどこで覚えたのか今になると不思議だが、ともかく母は研究熱心だった。いばらの葉の香りが移ったつるんとした触感のいばら餅は、数十年後に再会した時も同じ味がした。

また時計を進めて、昭和の終わり頃、当時住んでいた神奈川県の座間市でのこと。友人Yさんと団地の周辺を歩いていて、懐かしいいばらの蔓《つる》を見つけた。葵形の葉も小振りながら何枚かついていた。その時私がYさんに津のいばら餅の話をすると、植物に詳しいYさんは即座に、

「いばらって、もっと小さい葉っぱだよ」

と言った。たしかに、「いばら姫」の城を閉じこめたいばらはこれではなかったと、私も納得した。

さっそく、調べてみた。そして、なんとなく予感がして手に取った安野光雅の絵本『あいうえおの本』（福音館書店・一九七六年）にその絵を見つけた。葵形の葉をつけた蔓性の植物がページの装飾に使われていたのだ。そこには〈サルトリイバラ〉とあった。

もう一つ桜餅。津の桜餅は道明寺粉の桜餅である。これこそが桜餅だと思っていた。ところが、東京に来て、驚いた。ぺらっとしたクレープ状の布団であんをくるんである。これを桜餅と呼ぶのはいまだに腑に落ちない。最近は関東でも道明寺粉を使った桜餅が見られるようになった。ただ、昔、津で食べたように、道明寺粉の粒が立っていない。ベッチャリつぶれてし

まっている。津の桜餅は今、どんな具合だろう？

　高校を卒業したての頃だったか、同級生のYさんのお宅で桜餅をいただいたことがあった。その時、お母さんが葉っぱも食べるものだ、と教えてくださった。塩漬けされた葉っぱはなるほど良い香りがして、食べることができた。葉っぱにはいろいろ薬効もあるらしい。ちなみに、いばら餅の葉っぱにも薬効があると、最近知った。

　その後、サルトリイバラについての情報をいくつかいただいた。最近では、平成二十八年十二月三十日の朝日新聞朝刊の第一面の記事「発見、色とりどりの北斎画」を見ていて気がついた。酉年を迎えるにあたっての、おめでたいニュースということであろう。説明文には「竹を背景に石灯籠の上に止まる二羽の鶏……」とあるだけだが、その竹に巻きついているのはまさにサルトリイバラであった。さっそく朝日新聞を講読している友人二人にメールした。だが、北斎のサルトリイバラは彼女たちのイメージとはちょっと違ったようだった。気になって調べてみたところ、同じサルトリイバラでも、葉の形は微妙に違いがあるらしい。小振りだったり、丸くなくてほっそりしているのもあるようだ。だが、私の知っているのは、まさに北斎の絵の通りだった。津の玉吉餅店のいばら餅の葉っぱも、戦後まもなく山の畑のそばの雑木林のサルトリイバラの葉っぱも、そして、座間の団地のそばで見つけた葉っぱも同じようにふっくらと葵型をしていた。

　最近知ったのだが、サルトリイバラはサンキライ（山帰来？）ともいうらしい。

うなぎ●高級食か庶民食か

「津は、うなぎの消費量日本一」という記事を見たことがあった。二十年ほど前のことだった。独断で言えば、この現象はもっぱら《主婦の店》のおかげではなかったかと思う。主婦の店は岩田橋の北詰めあたりにあった。同級生の梅本さんのお父さんが始めた店だということだ。今ではイオンに吸収されてしまったとか。

私の子育て時代、まだ五十代だった両親が津にいたので、毎夏帰省していたが、二週間ほど滞在する間に、うなぎは二、三回食卓にのぼった。主婦の店では、店先や奥の方でうなぎを焼きながら売っていて、強烈な匂いが客を引き寄せていた。

うなぎは一般にはご馳走感がある。だが、じつは、私はうなぎが少々苦手だ。ただ、東京で、高級うな重をご馳走になったことがあるが、さっぱりしていて、これは美味しいと思えた。津にも美味しいうなぎ屋はあるそうだが、行ったことはない。

ともあれ、孫たちを喜ばせながら母の手抜きを助けてくれていた津の庶民的なうなぎには感謝している。

ところで、以下は梅本さんからのメールである。この東西の違いは私もなんとなく知っていたが、実際に確かめたことはなかった。せっかくなので、コピーさせていただく。

「ご存じかもしれませんが念のため、主人に確かめました。関東のうなぎは背開き、関西は腹開き、腹開きは切腹に通じるので、侍の多かった江戸では背開きしかしないとのこと、関西は商人の町なので腹開きとのことです。関西はそのまま焼き、関東は一度蒸してから焼くそうです。」

牛肉●高いか安いか

津ではいうまでもなく松阪肉である。松阪のかの名店《和田金》にも《牛銀》にも行ってみた。たしかに美味しかったが、津では普通の牛肉、細切れでも充分美味しいし、値段も高くはない。津では肉といえば牛肉で、けっして高級な食材ではなかった。ちなみに、鶏肉は肉屋ではなく、「かしわ」という看板のある店で売っていた。鶏肉を〈かしわ〉ということなど、こちらではすっかり忘れていた。

すき焼きは牛肉に決まっていた。ところが学生時代、寮で生活する同級生たちとすき焼き談義をしていて、豚肉を使う地方があることに驚いたことがある。浜松の人だった。ちなみに房州の夫の家に初めて行った時もすき焼きが供されたが、それも豚肉だった。

子どもたちの夏休み、牛コマで大量に作ったカレーライスや生姜焼きも子どもたち向けの定番だった。

私が座間で主婦をやっていたころ、親孝行のための、年に一度の節季奉公ということで、元旦には一族をわが家に集めて腕をふるうことにしていたが、なんといってもメインは松阪肉のすき焼きであった。伊勢の青ネギに近いネギを探し、焼き豆腐に白滝、生椎茸に春菊が定番だった。そして、必ず生卵がついた。卵かけご飯が好きな次男は、そんなときでも、まず生卵をご飯にかけて食べていた。余談だが、あるとき、親戚のおばさんに、

「お母さんの料理は美味しいでしょ？　何が一番好き？」ときかれて、大まじめに、

「生卵ご飯」と答えてがっくりさせられたことがあった。子どもは時に残酷である。

当時、私は座間市に住んでいたが、比較的近かった町田の小田急デパートの地下に《柿安》という肉屋があって、大晦日にはすき焼き用の松阪肉を安売りしていた。それでも、百グラム千円。まして普段はもっと高かったから、めったなことには手が出なかったが、幸か不幸か私の夫は牛肉が好きではないというので、普段は牛肉を買わずにすませていた。こちらの安い牛肉など、私も買いたいと思わなかったので、普段はもっぱら豚肉と鶏肉で間に合わせていた。その分、お正月には張り込んだというわけである。

ある年、町田に住んでいた兄嫁の都合がつかなかったことがあった。しかたなく、私は住んでいた座間の肉屋に行ってみた。だが最高で百グラム五百円の神戸肉しかない。一度買ってみたことはあったが、気に入る味ではなかった。そこで、ネットで松阪肉の店を探し出し、直接注文することにした。それまで、パソコン歴は長かったものの、ネットで買い物をしたことは

なかったので、おっかなびっくりではあったが、案ずるより産むがやすしで、なんとかうまくいった。送られてきた松阪肉はやや脂が多めではあったが、まあまあみんなを満足させることができた。

さて、日頃牛肉嫌いを公言していた夫は、当然、このすき焼きパーティでも肉には手を出さないと思っていた。夫のためには、手作りのおせちや好物のポテトサラダのほか、次男の嫁の里の北海道から送られてきた大きなぼたん海老の塩焼きも用意してあった。ところが、なんと、夫はシラッとした様子で肉に手を出しているではないか。あとでゆっくり食べるつもりだった私の分はいつのまにかなくなっていた。夫は、

「この肉は美味しい」とすましている。

夫が牛肉嫌いを公言していたのには、じつはわけがあった。戦争で疎開するまで横浜のミルクプラントで暮らしていたせいで、

「可愛い牛を食べるにしのびない」ということだった。でもそんな言い訳は無駄な抵抗だったことが暴露された格好だった。本当に美味しい牛肉を食べたことがなかったということに過ぎない。

魚その1●浜のイワシと小川のナマズ

戦前のことだが、子どもの頃、まだ津の下水は完備されていなくて、わが家のあたりでは生活排水は裏の用水路に垂れ流しであった。とはいっても、何もかも垂れ流していたわけではない。下肥《しもごえ》はくみ取りに来てくれていたし、台所のゴミも大方は庭に埋めて木や花の肥料にしていた。それでも、私たちはその川をドブと呼んでいたから、けっしてきれいな水ではなかったが、家並をはずれると、次第に水は澄んできて、もはや小川と呼んでもよいくらいだった。あたりは人家がまばらで、ほぼ一面田んぼであったから、それは農業用水路でもあったのだろう。一度、兄について塔世川《とうせがわ》（安濃川《あのうがわ》）の河口あたりに行った時、夏草の茂る中に取水口を見つけたことがあった。ここから水を引いていたのかもしれない。

この用水路には結構小魚が棲《す》んでいた。ほとんどは小鮒であった。隣家のおばさんは朝早くから用水路に四角い網を垂らして鮒をとっていた。貴重な蛋白源《たんぱく》であったろう。わが家でも、たまに子どもたちが獲ってきた鮒が食卓にのぼることがあった。だが子どもたちはおばさんのようにじっと網を垂らして獲物を待つなんてまどろっこしいことはしなかった。小川をせき止めて水を掻い出し、干上がった川底で跳ねている魚を獲っていた。

あるとき、すごい獲物があった。一メートルはあろうかと思われる大ナマズだ。たらいを持ち出し、大人の手を借りて捕獲して凱旋した。切り身にしてさっと煮付けただけだったと思うが、食料難の時代、それは大変なご馳走だった。美味しかった。それから数十年して、ナマズが名物だという美濃のある町で、唐揚げを食べたことがある。ちょっと癖があってあまり美味しいとは思えなかった。まさに空腹は最高の味付けだったということか。それとも津のナマズはとくに美味しかったのか？

浜にはときにイワシを積んだ漁船が着くことがあった。船が入ったという知らせはたちまちひろがり、私たちは手かごを持って駆けつけた。一辺三十センチほどの底の四角い手かごに一杯十円だったと記憶している。ときには『宝島』の海賊よろしく、船と浜をつなぐ板の上を、平均をとりながら船まで渡っていったものだ。

母はこのイワシをさっそく目刺しにして干したり、生姜煮にしたりしていた。これはしばらくの間の貴重な蛋白源になった。

女学校の二年生の時、隣の席のKさんが、

「お米を譲ってあげてもいいよ」

と言ってくれたことがあった。いつも白米のお弁当を食べているのを私が羨ましがっていたからだろう。その頃、母はお弁当に苦労していたようだ。芋ばかりでは可哀そうだと思ったのだろう。講習会で知ったとかで、楠公米《なんこう》（飯《めし》）というものを作っていたことがあった。米をあらかじめ炒ってから炊くと、量が増えるということだったが、なんとも味気ない代物で、長くは続かなかった。私は見ていないが、今、評判の「この世界の片隅に」という映画には、楠公飯が不味《まず》いご飯として出てくるということだ。

Kさんの家は農家だった。イワシの生姜煮と交換ということになって、兄が漕ぐ自転車で出かけた。東の端の海辺の乙部から西の端の長谷山の麓まで、二キロ近くあるだろうか。イワシの生姜煮と交換に五キロほどのお米の袋をもらって帰った。

当時、兄は中学五年生、若いとはいえ、戦後の、ろくな物も食べていない身体にはよほどこたえたに違いなかった。自転車も今のように五段階切り替えなどというすぐれものではなかった。焼夷弾《しょういだん》の降る中、父が奉安殿《ほうあんでん》の御真影《ごしんえい》を守るために学校に駆けつけて、おかげで焼け残ったという代物だ。当時痩せ気味であったとはいえ、五キロの米袋を抱えた私を荷台に乗せ、必死に漕ぎつづけた兄は、帰り着くなり畳に伸びてしまって、二度と行こうとは言わなかった。

イワシといえばもう一つ。十月十七日は津の高山《こうざん》神社の秋祭り。戦前のことだが、その日、母が必ず作ったのはイワシ寿司であった。イワシを開いて酢に漬けて酢飯にのせた握り寿司であった。ほかにもお稲荷さんや、そぼろにした卵や、ピンクに色付けしたデンブをのせて型抜きにした彩りの美しい寿司もあって、いかにもお祭りらしかった。

後に、結婚して一時、夫の房州の実家にいた時のこと。毎日のように新鮮な魚を売りにきていた。主な魚はイワシとサバだった。津にいた時は、まだ自分で魚を料理することはなかったが、房州にいた時は主婦であったから、イワシでツミレを作った。頭と骨を外して身だけにして擂り鉢で擂り、味噌で臭みを消して団子にしたものを大根汁に入れて出すと、喜ばれた。大根は臭味を消すといわれていた。また、〈サバの子〉（卵）も売りにきていた。舅の好物だというので、毎回買って甘辛く煮た。これがなんとも美味しかった。鯛の子のようにパサパサしない。私が作る、とくに子ども向けの洋風料理はあまり舅の口に合わないようだったが、このサバの子の煮付けとイワシのツミレ汁、それにがんもどきと新ジャガの煮物は気に入られたようで、何度もリクエストされた。

サバの子はとくに新鮮さを好むので、都会では食べることができない。イワシのツミレも、東京に戻ってから挑戦してみたが、ついに同じ味にはできなかった。とくに青魚は鮮度が命だと、あらためて思い知った。今、ここの老人ホームでは、魚があまり好かれていない。いろいろ味付けなど苦労していることは感じられるが、素材の鮮度に問題があるのだろう。ただ、今度入った新しい調理師の魚料理はかなり美味しい。期待がもてそうだ。

貝の世界●味か形か

津の海岸は、子どもの頃、信じられないほど遠浅であった。大潮の昼近く浜に行ってみると、どこまでもどこまでも潮が引いていて、もう海が見えないほどだった。その後、情けないほど浜が痩せて、夏休みに子どもたちを連れて行っても、誇らしい気持ちにはなれなかった。四日市コンビナートの公害や、台風による高潮の被害、河口にできた競艇場など、浜が痩せた原因はいろいろ取りざたされたが、今、少しは遠浅の浜も戻ってきているようだ。だが、昔ほどではない。これは日本のあちこちで見られる現象ではないか。

遠浅の浜で獲れた貝はアサリだけではなかった。よく獲れたバカガイはどんなに身を洗っても砂がとれなくて、ほとんど捨てていた。この貝の赤い舌が青柳とよばれて珍重されるとは当時まったく知らなかった。また、水に首まで浸かって足で掻きだしたマンジュガイ、別名鏡貝は直径六〜七センチの、平たく丸く、白くて美しい貝だった。だが、兄に美味しくないと言われて食べることはなかった。あとになって、同級生のMさんが鏡貝は焼いて食べると美味しいと教えてくれたが、後の祭りである。残念なことをした。

もう一つ、美味しくないと思っていた貝にマテガイがある。幅一センチ足らず、長さ十センチほどの細長い二枚貝で身も細長い。だが、食べるとヒモがジャリジャリして評判は悪かった。ただ、マテガイを獲るのは面白く、何度も楽しんだものだ。縦一センチほどの楕円形の穴を見つけて、その中に塩を一つまみ落とすと、潮が満ちてきたと勘違いするのだろう、ヒョコッと貝が首を出す。そこをねらって素早くつまみあげる。獲るのは面白いこの貝も食欲をそそらなくて家に持ち帰ることはめったになかったが、最近、珍味として紹介されている記事を見つけた。あのジャリジャリしたヒモをとればもしかして美味しいのかな、惜しいことをしたとも思う。

ハマグリは海水浴場の浜にはいなくて、少し離れた漁港の新堀《しんぼり》の黒い砂の中にいた。新堀の浜はあまり広くはなかったし、ハマグリも一夏しか獲れなかった。子どもたちが根こそぎ獲ってしまったのかもしれない。ところで、桑名のハマグリは長良川の河口あたりで獲れるらしい。私も一度経験があるが、やはり首まで浸かりながら足で探した。このときは半ば観光で行ったので、収穫はたいしてなかった。

津の塔世川の河口の中洲には大量のビショリ貝（アケミ貝）がいた。殻の柔らかい黄茶色の二枚貝で、なかなか砂がとれなくて、ジャリジャリして人気がなかったが、びっくりするくらいたくさん獲れた。あの年、貝を獲るおばさんたちも、どこから湧いてきたのかと思うほど大勢いた。母はその頃病気に罹っていた弟に栄養をつけさせようと、せっせと貝を獲りに河口に通っていた。私も一度ついて行ったが、ちょっと遠かったし、獲れ過ぎて面白くなかったし、あまり食欲もそそられなかったから、後にも先にもビショリ獲りは一年きりでおしまいになった。

シジミは近くの浜では見つからなかったが、香良洲《からす》まで行くと、雲出川《くもずがわ》の中洲には驚くほどたくさんいた。淡水と海水の混じりあうところを汽水域というそうだが、そういうところにシジミは生息するらしかった。ときどき業者が獲りに来るということであったが、一般には知られていなかったようだ。兄嫁の香良洲の実家がこの中洲に近かったので、一度、子どもたちといっしょに連れて行ってもらった。大きなシジミが面白いほどたくさん獲れた。今も獲れるかどうかは知らない。

また戦後、タニシが異常発生したことがあった。稲を刈った後の田んぼに、それこそ足の踏み場もないほどタニシが発生したのだ。その理由を考える余裕などなく、私たちはタニシ獲りに夢中になった。泥臭いなどと考えもしなかった。むしろ、美味しいとさえ思った。畑で作っていたワケギといっしょにぬたにして、どれほど食べたことだろう。食料難の時代の貴重な蛋白源であった。一年で獲り尽くしてしまったのだろうか、その後さっぱりいなくなったようだ。後に、座間のスーパーの魚屋で、タニシを見つけた。でも、見るからに泥臭そうで手が出なかった。

田んぼといえばイナゴである。稲が穂を出す頃、これも面白いほど獲れた。タニシと違ってじっとしていないので、子どもたちは夢中になって追いかけた。ゴマメの要領でフライパンで炒って砂糖と醤油をからめた。骨が丈夫になるからとすすめられたが、口の中がモソモソして少々苦手だった。農薬が使われるようになり、イナゴもまもなく見られなくなった。

食べ物ではないが、貝といえば、美しい貝殻を思い出す。夕方、ひと気のない浜を歩くとさまざまな貝殻が見つかった。遠くから流れてきた大きな巻き貝の残骸が珍しかった。また、女の子に一番の人気は桜貝であった。歌や少女小説の雰囲気というには当時たくさん見つかり過ぎて、ロマンチックなことはなにも起らなかった。

味噌汁●汁か具か？

世間では味噌汁をお袋の味というらしい。だが、私は津の黒い味噌汁は好きではなかった。けっして味噌の塩分が濃かったわけではなかった。むしろ、塩辛くもないのに渋いのが苦手だったのだと思う。これを克服するために、私は汁よりも具を多くして欲しいと頼んでいた。とくに、キャベツと油揚げという取り合わせが気に入っていた。キャベツの甘さで味噌の渋味が薄らぐような気がしていたのだ。おまけに、私はその味噌汁をご飯にかけて食べるのが好きだった。

私は味噌雑炊も好きだった。

住井すゑの『橋のない川』に〈おみ〉というものが出てくるが、これは味噌雑炊のことだと思われる。これが妙に食欲をそそった。行間から湯気といっしょに匂いまで立ち上ってくるような気がした。あれは奈良の田舎が舞台になっていて、貧しさの象徴のような食べ物のはずだったから具もあまり入っていなかったかもしれないし、どんな味噌を使っていたのかもわからない。だが、私のイメージの中では、キャベツと油揚げのたっぷり入った黒味噌の味噌雑炊なのであった。今は味噌雑炊など望むべくもない境遇にいるが、いつまでも懐かしい。あの作品の深刻なインパクトはいまだに〈おみ〉の匂いと分かちがたい。

ちなみに味噌汁の味噌も、夫の好みと落とし所を見つけるのに少々時間がかかった。夫は信州味噌が当たり前だと思っていたふしがある。私に黒味噌へのこだわりはなかったが、信州味噌はちょっと物足りないと思っていた。

中間どころの仙台味噌や会津味噌などを使ったこともあったが、味噌というものはどうも慣れれば慣れるものであるらしい。少し色の濃いめの信州味噌で落ち着いた。老人ホームに入居してからは悪あがきするのをやめた。出されたものをありがたくいただいている。

結婚四十年を過ぎると、夫は食べ物について少しずつ本音を出すようになってきた。私はできることには応じたが、大方は「いまさら、もう遅い」とつっぱねることにしていた。世の中にはなんでも夫の好みに合わせる妻もいれば、妻の作るものを黙って食べる夫もいる。私の父は食べ物についてあまり文句を言わない人だった。私はそれを見て育ったのだ。やはり、作る方が強い。

この老人ホームにも、好き嫌いの多い人が結構いて、厨房に面倒をかけている。「これが嫌いだ」と聞かされれば、現場は代わりの一品を用意しようとする。一人や二人ならまだしも、みんながわがままを言いだしたらどうなるのか。歳を重ねてもその辺の道理がわからない人が結構いる。私はどうしても作る側に立ってしまうのだ。

話を味噌汁に戻す。

老年になって本音を出しはじめた夫は「味噌汁の具はシンプルなのがいい」と言いだした。

「キャベツなんか味噌汁の具ではない」とも主張した。でも、これには簡単に譲歩しなかった。私には私の歴史がある。また、ワカメと豆腐という具にしたところ、ワカメにはジャガ芋だと頑張る。ジャガ芋が好きなのは私の父と同じだった。豆腐をやめたわけではなかったが、ときどきはジャガ芋も使った。今、ここ老人ホームでは、ワカメとジャガ芋の味噌汁もワカメと豆腐の味噌汁も出る。でも、ワカメの量は申しわけ程度で、「もっとワカメの量を増やして欲しい」と要望は出しているが、聞き入れられない。私の方が異常なのだろうか。

ところで、房州に住む夫の妹たちは、行く度にお土産として、房州名産、ワカメをもたせてくれていた。妹は六人もいて、そのうち五人が房州に住んでいたから、わが家の冷蔵庫には塩蔵ワカメが溜まる一方であった。酢の物や煮物にするだけではあまり減らない。勢い、わが家の味噌汁には再三ワカメが登場することになった。息子たちが独立すると、夫婦二人で消化しなければならない。近所の友だちにもおすそ分けするのだが、あまり度々ではかえって気を遣わせてしまう。

「ワカメは身体にいいのだから」と言いながら、私は味噌汁にたっぷり入れた。しばらくだまって食べていた夫はついに本音を出しはじめたのだった。しかたがないので、よそうときに私だけワカメたっぷりにしていた。

津の代表的なお土産は〈平治煎餅〉である。阿漕平治の伝説に因んだ笠の形をした煎餅で、お土産にはよく一番大きいのを買ったものだ。〈病気の母親のために禁を犯して漁をして捕まった〉という伝説はほかにもあるかもしれないが、その伝説を、〈落として身元がばれた笠〉の形の煎餅にして名物にしたという話はほかに知らない。学生の頃、寮の仲間へのお土産にして、津の伝説をアピールしながら大きな煎餅を分け合って食べたものだ。最近、小型の平治煎餅をいただくことが増えたが、一人で食べるには食べやすくてありがたい。また、大中小の三種のうち、中が一番美味しいという噂を聞いて、買ってきてもらって食べてみた。製造工場が異なるらしく、たしかに大、小とは味も食感も違う。ただ、私には大や小の方が伝統を守っているようで好ましく思えた。

煎餅●甘いかしょっぱいか

私が老人ホームに入ってから、息子たちが年越しのために河口湖畔のホテルに連れて行ってくれるようになって、かれこれ七、八年になる。ある年、夕食の会席膳の刺し身の中に、ヤガラがあった。阿漕平治が禁を犯して獲っていたという魚である。ヤガラを食べたのは初めてであった。癖のない白身の魚であった。うれしくなって料理長に伝説を披露した。刺し身になっていたのは駿河湾産で、今もよく獲れるということだった。薄茶色のうろこをまとった、長大な魚である。

平治煎餅は小麦粉で作る甘い煎餅である。草加煎餅に代表される、米で作る醤油味の煎餅を正統派煎餅と思っている関東の人には、甘い煎餅など煎餅と認め難いものらしい。だが、〈文化は西から〉と信じている関西人はそんなことでは動じない。

関西には、瓦煎餅、味噌煎餅など、味もかたさも形も異なる甘い煎餅が、それぞれ個性を競っているが、津の平治煎餅はそれらの中では柔らかい方である。ちなみに甘い煎餅は神戸の瓦煎餅が元祖なのだそうである。

平治煎餅本店。店は新しいが看板は古いものを使っている。

平治煎餅の（大）直径は 20 センチほど。

瓦煎餅はちょっとかたい。

子どもの頃、〈松風〉というお菓子を食べたことがある。六センチ×四センチほどの花札形の小麦粉製の甘い煎餅で、ケシの実や青のりなどで、片面が飾ってある。駄菓子だと思っていたが、それにしてはかなり上品な煎餅で、妙に記憶に残っている。もしかして、いただき物だったのか？　ここ老人ホームで、鶏のひき肉を固めて表面をケシ粒などで飾った料理が〈松風焼き〉と名づけられて供されることがあるが、私はその度に津で食べた松風煎餅を思い出す。この名称は古典文学、芸能とも関わりのある由緒あるものらしい。駄菓子にはもったいない。

津にも醤油味の煎餅がないわけではないが、それらは、塩煎餅といって、小麦粉の甘い煎餅とはまったく別物だと思っていた。塩煎餅にもいろいろあるようだが、それについて蘊蓄《うんちく》を傾けるほどには知らない。

ここで思い出したが、昔はかきもちというものがあった。お餅を搗《つ》いたときに、かきもち用にとりわけて塩味や薄甘い味をつけ、大豆や青のりを混ぜたりして長く形作り、小口から薄く切って乾かす。できあがったものは矩形か楕円形をしていた。一種の煎餅である。昔は冬になるといつも火鉢がそばにあったから、兄妹で焙《あぶ》っておやつにしていた。サイコロのように細かく切って、アラレにもした。金網で作った立体的な団扇のようなアラレ専用の焙り道具もあった。

ドーナツとカリントウ●婦人雑誌が広めた?

母の手作りのおやつで思い出すものに、ドーナツとカリントウがある。戦後ミスタードーナツがあちこちにできて、まるでそれがドーナツの典型になってしまった感があるが、私はどうしてもミスドのドーナツが好きになれない。甘過ぎるし、香料が効き過ぎていて、おまけに柔らか過ぎる。私にとっては母の味こそが本当のドーナツの味なのである。

小麦粉に膨らし粉（当時はベーキングパウダーなんてなかった）、卵に、控えめの砂糖。香料は入れず、材料そのものの風味を楽しんだ。耳たぶの柔らかさにこねて数ミリの厚さに延した生地を型抜きしたのだが、型に使ったのは茶筒の蓋、真ん中の穴は瓶の蓋かなんかで抜いたのだと思う。型抜きできるような生地だったから、できあがったものは柔らか過ぎず、かといってかた過ぎもしないで、私にはちょうどよい具合だった。これが私のドーナツの原点である。型抜きした残りの部分も全部揚げた。抜いた円盤は揚げるとまん丸に膨らんだ。ほかの部分も想像力でさまざまな形が楽しめた。

最近のことだが、私とおない年の横浜の友人から、やはりお母さんに同じようなドーナツを作ってもらったと聞いた。もしかしたら、婦人雑誌かなにかに作り方が載っていたのかもしれない。これは、新しい形の伝播、伝承、つまり味の書承というべきか。

ところで、市販のドーナツを機械で作っているところを見たことがあるが、その機械から油の中に落とされるのは、延ばして型抜きした生地ではなく、とろーっと垂れていて、いかにも柔らかそうだった。これではできあがったドーナツも柔らかいわけである。

母のドーナツ作りを手伝っていたのは、学齢前、あるいは一年生になっていたか？　ドーナツを作っていた板間は、引っ越す前の家の台所だったと記憶する。成人してからも一度、母にねだって作ってもらったことがあった。私はこの時、しっかり頭にたたき込んだ。そして、子どもを育てるようになって、何度か作ってみた。かなりの程度、母の味を再現することができたと満足だったが、あるとき、いい気になって作り過ぎた。翌朝のパン代わりに出し、夫のお昼用にも、茶筒に入れて持たせた。夫は文句を言わなかった。ただ、同僚にも食べてもらったと言っていたので、じつはもてあましたのだろう。

母はカリントウも作った。生地はドーナツよりかためだったか。細長いスティック状のものだけでなく、縄のように少しひねったものも作っていた。揚げたものに、煮詰めた砂糖を絡めることもあったが、私はなにも絡めない方が好きだった。ドーナツも、砂糖などまぶさない方が好きだった。

こんな好みの私にミスタードーナツの甘さが合わないのは当然のことだろう。この老人ホームでも、たまにおやつにドーナツが出ることがある、ミスドのように甘くはなく、柔らか過ぎることもないが、いささか香料が邪魔だ。最近は揚げドーナツではなく、焼きドーナツも出る。カロリー過多を気にしてのことだろう。ちなみに、ヨーロッパ風に香料を利かせることを、しゃれているという向きもあるが、そもそも香辛料というのは、腐りかけた肉の臭みをやわらげるために使われはじめたものでなかったか？　新鮮な魚介類を誇る日本が真似することはないのである。

母は、そのほかにビスケットも作った。その頃、クッキーという言葉は聞かなかった。

一辺三十センチくらいの立方体のお菓子の缶を細工して天火（オーヴン）に仕立て、火にかけてビスケットの生地を並べていた。素朴な味を今でも覚えている。兄妹の中でも私一人がそばについていた。長女というのは家事手伝いもさせられる代わりに、学ぶことも多かったのである。

ところで、〈しゃれた〉香辛料嫌いの私が、一度だけ進んで使ったことがあった。

一九九〇年から一九九一にかけてイタリアで一年間暮らした時のこと。備え付けの大きなオーヴンを利用しないのはもったいないと考え、たまに、鶏の骨付きモモ肉のグリルを作った。肉に塩コショウして、オリーブオイルを敷いた天板に並べ、ローズマリーの枝をのせて、いっしょに新ジャガを丸ごとごろごろ並べた料理とも言えない簡単な料理である。ローズマリーは八百屋で簡単に手に入った。ちょっと格好つけてみたわけだが、悪くはなかった。

薄紫の小さな花を咲かせるローズマリーは、今では日本でも観賞用を兼ねて栽培されているのをあちこちで見かける。

ローズマリーに惹かれたのには理由がある。私の専門であるイタリアの昔話の中に「ローズマリーの娘」という話があって、いつも頭の隅にひっかかっていたのである。ローズマリーの鉢から出てきた娘が、苦難の末、王子と結ばれるという話である。

トコロテン●甘いか酸っぱいか

蜜豆が好きである。あんみつ、クリームあんみつもいいが、プレーン蜜豆で充分である。寒天が好きなのである。だから、トコロテンでもいい。だが、私が思っているトコロテンが東京のトコロテンとは違うらしいということは、早くから気がついていた。東京のトコロテンはお酢と醤油で食べるらしい。これが正統派だということは、関東の人にとっては自明のことらしい。だが、関西では蜜、とくに黒みつで食べるのが普通なのである。

中学三年の夏、父が盲腸をこじらせ、腹膜炎になって三重医専付属病院に入院した。といっても、病棟は空襲で焼けてしまったので、病院では焼け残った近辺の民家の離れなどを借りて、そこに付添人ともども〈入院〉させ、医師を巡回させていた。当然、付添人は食事も作らなければならなかった。母が父に付添えば、あとに残されるのは子どもだけである。当然のように長女の私が主婦代わりを務めることになった。

父のところには見舞品も届いていたようだが、なんといっても大黒柱の病人に早く治ってもらわなければならないので、こちらにはめったに回ってこなかった。

あるとき、新ジャガが大量に配給された。当時はまだ配給制度が生きていた。茹でるだけでは芸がない。家にはタマネギがあったので、私は細切りしたタマネギをしっかり炒めたものに、茹でた新ジャガを荒く潰して混ぜ合わせて、兄妹に食べさせた。タマネギの甘味と炒めた油、塩味もちょうどよかった。

〈足らぬ足らぬは工夫が足らぬ〉というのは、戦争中の標語である。この標語が頭の隅に残っていたのか、私は私なりに工夫したつもりであった。

ところが、弟が母のところに逃げ出した。

「姉ちゃんはイモしか食べさせてくれない」と泣きついたらしい。いっしょに家事を担うはずだった二つ下の妹は遊び歩いている。

三つ上だった兄も責任を感じていたのだろう。ある日、「釣りに行こう」と私を誘った。向かった先は、贄崎《にえざき》海岸の南端、岩田川の河口の突堤であった。突堤の先まで行って、二人は釣り糸を垂れた。いっこうに釣れなかった。海の中をのぞいても魚影はなかった。その時、突然、兄が私に言った。

「天草《てんぐさ》を採ってこい。見てみろ。この海の底にいっぱい生えとる」

天草は寒天の原料である。たいして栄養価はないけれど、ゼロではない。ミネラルやら食物繊維やら、今なら健康食品である。カロリーだってゼロではないし、たっぷり食べれば少しは腹の足しになる。

夏だったから、水着は着ていた。泳ぐことはできたが、あまり深く潜ったことはない。だが、ためらっているひまはなかった。私は海に飛び込んだ。三メートルくらいはあっただろう。息を詰めたまま、夢中で天草を引きちぎって戻ってきた。何度も往復して、魚の代わりに茜色《あかねいろ》の天草でバケツをいっぱいにして、家に帰った。

私も兄も初めての仕事だった。天草を何度も洗って、大鍋に水をいっぱい入れて火にかけた。薪をくべつづけ、そろそろよかろうというところで鍋を下ろした。五十分くらい経っていたと思う。天草を引き上げたあとは、冷めるまでそのままにしておいた。

その間に兄は、ありあわせの材料を使って、トコロテン突きを作った。四角い筒を作って、その先に細い針金を格子に渡し、さらに、その中にすっぽり入る突き棒を作った。頼りないところもある兄ではあったが、そういうところはたいしたものだったと、今は亡き兄を偲んでいる。

トコロテンは当然のように、砂糖を煮詰めた蜜で食べた。一連の作業で費やしたカロリーの方がよっぽど多かったとは思うが、一仕事をした満足感は大きかった。

妹はそんなときも遊び歩いていて、家事は手伝わなかった。食欲は旺盛で、そんな時代でも大きく頑丈に育っていた。ただ、不思議なことに勉強だけはしていたらしい。妹の名誉のために付け加えれば、その後、妹は成績優秀とかで、大学では授業料を免除され、福祉の道に進み、神奈川県の県庁で福祉の仕事に就いただけではなく、両親も、そして病を得ていた弟も引き取り、定年後ケアハウスの施設長に就いてからは、そのケアハウスに入居した母が亡くなるまで面倒を見てくれた。そして、私が病を得てからは、私も世話になった。今は感謝している。

庭の果樹●甘くなった渋柿

空襲で家が焼けたあと、焼け跡にまず、市営住宅が建てられ、少しずつ建て増ししていった。それにつれ、庭の作物は野菜に代わって花や果樹が増えていった。もう食料増産のためではなく、父も母も趣味でやるようになっていたから、子どもたちはとくに手伝うでもなく、そんな庭木を観賞するだけであった。

父がどこで手に入れたか、ハコネウツギやエニシダなどの花樹もあった。ハコネウツギは、一つの花房にピンクと白が混じっていたし、エニシダは黄色の中にえんじ色の混じった当時としては珍しい花だった。そのほかに、ミカンや柿の木など果樹も植えられた。ミカンは実が一つしか生《な》らず、夏みかんにしては小さく、温州《うんしゅう》でもなかった。食欲をそそられるほどではなかった。葉っぱには美々しくも不気味で大きないも虫がたくさんついた。葉っぱは見事に食い荒らされたが、いずれアゲハチョウになるとわかっていたから、そっとしておいた。羽化するところは見なかったが、想像だけはさせてくれた。

イチジクだけは湿気を好むからと、田んぼに近い裏庭に植えられてあった。このイチジクの実は大きくて美味しかったが、数が少なかったので、母の管理のもと、子どもたちはちゃんと順番を守って食べた。

柿の木には実がたくさん生った。表札代わりだといって、玄関のそばに植えられて、たくさん実が生ったが、苗字を表す〈大柿：旧姓〉にはならなかった。しかも渋柿だった。

母は、「渋柿でもそのままにしておけば、木の上で熟して甘くなる」と言いながら、結局は木守柿《きもりがき》だと言って一つだけ残して、あとは全部もいで皮をむき、軒先に一個ずつヒモで吊るした。だが、一つとして完全な干し柿にはならなかった。ある程度柔らかくなると甘くなり、いつのまにか、一つ、二つとなくなっていったのだ。犯人は子どもたちのだれかに違いなかった。当時高校生だった妹と中学生だった弟が怪しかったが、現行犯で捕まることはなかった。会社勤めをしていた私は弟妹たちより帰宅が遅かったから、一つしか食べられなかった。

今、住宅地を車で通りかかると、柿の実がたくさん、木に生ったままになっているのを見かけることがある。渋柿か甘柿かわからないが、収穫されない柿は日本の飽食の象徴のような気がしてならない。

茄子●このすぐれもの

茄子《なす》はどんな料理にしても美味しい。和風も洋風も、中華風もそれぞれ、そのできあがりは個性的だ。ざっと挙げてみても、ぬか漬け、焼き茄子、茶筅煮《ちゃせんに》、しぎ焼き（ナベシギ）、天ぷら、それに茄子田楽などは日本料理。塩味、醤油味、味噌味、何にでも合う。名のある料理ではなくても、例えばピーマンといっしょに、味噌味で炒め煮した一品は、ここでもよく出る。もちろん、味噌汁の具にも重宝する。

焼き茄子については、夕飯時のシーンが思い出される。焼き立ての熱々を、めいめいが水道の蛇口でジャーと冷ましながら皮を縦にむき、へたから下を縦に割いて生姜醤油でいただく。茄子の首には焼く前に切り傷をつけてあったから、皮むきは難儀な仕事ではなかった。だが、ここ老人ホームではすっかり冷めてから食堂に届くから、焼き茄子とはとても言い難い。

中華風の麻婆茄子はもう日本に根付いているから、さまざまな応用が可能である。縦切りにした茄子を肉やさまざまな野菜といっしょに中華風野菜炒めにしてもなかなかいける。肉を多めにすれば立派な主菜である。簡単だし、私はこれが大好物で度々食卓に上らせたかったが、あまり肉が好きでない夫には好評とは言い難く、そう度々とはいかなかった。

茄子をパプリカやズッキーニなどとトマト味で煮込んだ〈ラタトゥイユ〉は南フランスの簡単な家庭料理。パリのスーパーではラタトゥイユの瓶詰めがあったので思わず買った。また、フィレンツェで友人が作ってくれた〈家庭料理〉だという野菜料理はラタトゥイユと同じようだったから、イタリアにも根付いているのだろう。

茄子はトマト味のスパゲッティにも合う。茄子はいろいろ応用が利き、素朴なようでいて、料理になってみればなかなか個性的だ。

そういった、文句なしに美味しいはずの茄子料理が美味しくないことがままある。れっきとした店の料理人の仕事だ。要するに、格好だけつけてちゃんと火が通っていないのだ。半生まではまったく美味しくない。こういう料理に出会うと私は不機嫌になる。じつは怒り心頭に発しているのだが、下手に文句をつけて怒らせても困るから黙っている。

おじやの香り●子どもが熱を出せば

幼かった頃、熱を出すと、食欲がなくなった私に、母はまず、葛湯を作ってくれた。水で溶いた片栗粉と砂糖に熱湯を注ぎながら混ぜていく。いい香りだった。本当は葛粉を使うのだろうが、葛粉なんて手に入らなかった。

まるで魔法をかけているように、だんだん透明になっていく。幸せな匂い、幸せな時間だった。

今は、葛湯もチンでできてしまうらしい。なんとも、味気ない話ではある。

リンゴもおろしてくれた。今のリンゴのように甘くなく、酸っぱいリンゴも、おろせば甘くなった。

おろす片端からどんどん茶色く変色していくのを、私はちょっと悲しい気持ちで眺めていた。塩を入れると変色しないことを母は知っていたようだったが、あえて入れたりはしなかった。茶色いリンゴおろしに慣れてしまった。

今日は、四分の一、今日は半分とリンゴを増やしてくれたが、丸ごとになる頃には、もう元気になっていた。

最後の締めは〈おじや〉であった。

ゆきひらで煮るおじやの匂いは、醤油とカツ節の匂いである。

ゆきひらは在原行平と関係があるらしいし、今は雪平とも書くらしいが、私にとっては、ひらがなのゆきひらであった。

ぽっこり丸い陶器のおなべで、注ぎ口がついていた。色は黄土色、今もはっきり目に浮かぶ。

ぷつぷつ　ぷつぷつ　小さな音を立てて煮えてゆくおじや。

おじやの匂いは、病気が治っていく匂いであった。


息子たちに病人食を作った記憶はあまりない。そもそもたいした病気はしなかったような気がする。ただ、二、三日学校を休んで寝ていた小学校一年生の長男がそろそろ起きてもよくなったのに、ご飯を食べたくないと言って起きてこなかった時のこと、これ以上甘やかすこともないと思って、

「じゃあ、お母さんたちはご飯を食べるからね」

と寝ているそばにテーブルを運んで、夫と二人で食事をはじめた。

息子は、気になるらしく、ちょっと身体を起こしては、ちらちらのぞいていたが、とうとう

起き上がって、

「ぼくも食べる」と言った。まあ、思うつぼだったわけだが、こんなにうまくいくとは正直、思わなかった。おかずはあまり彼の好みのものではなかった。一応、病人向けでもあるカレイの煮付けだったと思う。これで、好き嫌いもひとつ克服できたわけだった。

ところで、カレイだが、昔はカレイといえばこれしかなかった。多分マガレイだと思う。癖のない、いかにも病人食という魚だった。ところが今は、いろいろなカレイがあるらしい。とくに老人ホームのように、骨を気にするところでは、扱いやすい、巨大なカラスカレイを使うことが多い。遠海、深海で獲れたものを冷凍してある。正直言って、実が柔らか過ぎて癖があり、私はちょっと苦手である。昔のカレイは病人食の正統派であった。

山の芋●室生寺の磯辺揚げ

夫が元気だった頃、毎年、お歳暮に長芋を一箱くださる方がいた。目方は量ったことはなかったが、十キロ入りだったか、もみ殻の中に立派なのが十本くらい入っていた。

子どもの頃は、よくとろろ汁にして山の芋を食べたものだった。出し汁は母が用意したが、擂《す》り粉木《こぎ》で擂るのは子どもたちだった。主に、私と兄が交代で擂った。長芋とは違って、もっちり身が引き締まっていたから、擂り下ろすにも力が要った。その中に生卵を入れることもあった。ご飯にかけて食べるといくらでも食べられるので、大人になってからは食べ過ぎが怖くて、めったにとろろにはしなかった。

さて、いただいた大量の長芋をどうやって有効に使おうか？　腕の見せどころ、いや、頭の使いようかもしれなかった。

家族で消化するのはしれている。家族は四人から二人に減りつつあった。

お正月の来客用になんとか工夫してみることにした。

たまたま、母のところに行った時、ぱらぱらめくっていた婦人雑誌にヒントを見つけた。長芋のきんとんである。それまで、きんとんはサツマ芋で作っていたが、裏ごしが大変だった。息子たちにも手伝わせたが、腕は痛くなるし、時間はかかるしで、いい加減うんざりしていたのだ。長芋なら柔らかくて裏ごしは楽だろうと考えた。

別にメモして来たわけではなかったから、思い出すまま、アレンジもして試作してみた。二センチくらいの厚さの輪切りにして茹でたが、それこそあっという間の茹で上がりであった。おまけに身が柔らかいから、裏ごしも楽だった。

裏ごししたものに砂糖を混ぜて火にかけ、しゃもじで練り上げる。あっけないほど簡単だった。

別に、リンゴを五～六ミリ角に切って、砂糖といっしょに火にかけ、艶煮《つやに》にする。リンゴはできれば紅玉が良いが、最近はあまり見かけないようなので、赤ければ良しとした。

長芋とリンゴが冷めたら混ぜ合わせる。

あとは、巾着に絞ればお重に詰めても見栄えがする。

なによりも、その上品な甘さが人気を呼んだ。

さて、長芋料理もう一品。こちらは超簡単で、しかも絶品だ。

長芋を手元の方を少し残して皮をむく。

皮のところを手に持って、擂り鉢に斜めに入れ、先の方を擂り粉木で粗く潰す。トントントンと豪快に叩いて行く。〈半殺し〉というヤツだ。

日本の昔話には「半殺しと本殺し」という話がある。


旅人が山奥の一軒家に泊めてもらうと、夜中に、爺と婆が「明日は、半殺しにするか、本殺しにするか」という声がする。驚いた旅人は逃げ出すが、あとで、ぼたもちのことだと知る。ぼたもちを作るとき、ご飯を半分潰すか完全に潰すかということだった。

ぼたもちと言えば、母の手作りを思い出す。ご飯は粳《うるち》と糯《もち》米を混ぜてあったと思う。そして、やはりざっくりと半殺しであった。あんは粒あん。ご飯は小さめに握らないと、あんを付けたとき、大きくなり過ぎる。子どもたちも手伝わせてもらったから、大きさはかなりまちまちだった。揃ったのを選んでご近所に配ったこともあった。

ぼたもちを作りながら母は話をしてくれた。「どっこいしょ」の話である。一般には〈だんごどっこいしょ〉の方が知られているが、母のはいつも〈ぼたもちどっこいしょ〉だった。次のような話である。

母の昔話1　どっこいしょ

男の子がお母さんのお使いで、おばさんのところに行った。

おばさんは、美味しいぼたもちをご馳走してくれた。

男の子は、すっかり気に入って、

「おばさん、これなんていうの？　帰ったらお母さんに作ってもらうんだ」

おばさんは、〈ぼたもち〉だと教えてくれた。

男の子は、忘れないようにと、

「ぼたもち、ぼたもち」と声に出しながら帰って行った。

ところが、途中に小さな川があって、飛び越えるとき、つい、

「どっこいしょ」と言ってしまい、そのあとは、とうとう家につくまで、

「どこいしょ、どっこいしょ」になってしまった。

「お母さん、ただいまあ、ぼく、おばさんのところでとっても美味しいものをごちそうになったんだ」

「どんなものだったのかい？」

「うん、あんこがいっぱいついていて、甘くてね、〈どっこいしょ〉って言うんだって」
「まさかね。あんこがいっぱいついているっていうなら、ぼたもちのことじゃないかね」
「ああ、そうだ、そうだ、ぼたもちだ」
というわけで、男の子はおかあさんにぼたもちを作ってもらうことができたって。

「だんごどっこいしょ」の場合は怒ったお母さんに殴られてできたこぶを「だんごみたい」といわれて、「ああ、そのだんごだ」ということになるのだが、ぼたもちではそうはならなかった。

長芋に戻る。長芋の半殺しはじつに簡単だ。潰し過ぎず、まさに半殺しの状態になるように擂り粉木でトントントンと叩いていくだけでよい。

味付けがまた簡単だ。梅干しを小さくちぎって適宜に入れて軽く混ぜるだけでよい。

この長芋の半殺しは、すき焼きなんかの〈箸休め〉にちょうどよい。なかなかの評判だった。

この半殺しを思いつくまでは、わざわざ長芋を包丁で拍子切りか千切りにしていた。細ければ細いほど口当たりがよいので頑張って、細く、細く切っていたが、ぬめりがあって、なかなか難儀な仕事だった。半殺しは〈ずぼら〉が生んだ、絶品料理である。口当たりも千切りよりよっぽどよい。

ところで、山の芋には長芋よりももっと粘りの強い芋もある。大和芋とか、自然薯《じねんじょ》とか、栽培種だけでなく自然の芋もあるが、正直、調べてみてもよくわからない。いずれにしろ、私が子どもの頃食べていたのは、もっと粘り気があったように思う。とろろ汁だって、もっとねばりのあるものを使っていたから、出し汁ももっと、たっぷり入れることができて味も調節しやすかった。

あるとき、奈良県の室生寺に友人たちと行ったことがある。じつは、室生寺は津高校の三年生の時、学校行事の遠足で行ったことがあった。その時は近鉄の室生口大野駅から歩いたものだった。遠足だから少しは歩くべきだということだったが、かなり遠かったことを覚えている。太鼓橋まで来ても歩みを止めず、五重の塔のあるところまで登ったのだから、若かった。

時を経て友人たちと六人で行ったときは、五十代になっていたから、さすがに駅からバスを利用した。そして、日帰りなどではなく、太鼓橋のたもとの橋本屋旅館に泊まった。写真家土門拳の定宿だったとか。たまたまその年の幹事が写真愛好家だったことからその宿を選んだということだった。山菜を主にした料理も評判だった。その中で、一番印象に残ったのが、〈山芋の磯辺揚げ〉であった。擂り下ろした山の芋を浅草海苔で巻いて揚げてあった。

簡単のように見えて、なかなか味わい深い料理であった。私はさっそく試してみた。ところが擂り下ろした芋を巻くにはそれなりにまとまってくれないといけない。長芋ではもちろんダメ。大和芋などもっと粘りの強いのを探したが、結局、満足いくものはできなかった。

台所の変遷1●戦前から戦後まで

私が物心ついてから約五十年の間、つまり、戦前から戦後そして平成の初めまで、日本の台所はかなり目まぐるしく変化した。まあ、進歩したといってもいい。

わが家は津市の住宅地、新開地といった方がいいかもしれないが、田畑の中にようやくぽつぽつと住宅が現れたころの乙部にあった。昔は乙部村といったらしく、最近、たまたま読んだ本『慶応三年の水練侍』（木村忠啓著・朝日新聞出版・二〇一六年）にいきなりその名が出てきた。この本は幕末の津藩、つまり藤堂高虎の末裔の話である。地味な津藩が小説に取り入れられるなんて珍しいことだと思って、つい買ってしまった。乙部村には火薬工場があったらしい。まあ、それほど、人家が少なかったということだろう。

昭和の初め、ぽつぽつと建ちはじめていた住宅は、中には立派なお屋敷や別荘もあったようだが、ほとんどが借家で、わが家のように他県から赴任してきたサラリーマンが借りていたようだった。地主が数軒から十数軒の貸家をまとめて建てたのだろう。大きさも間取りもいろいろな貸家があったから、それを借りている人にもランクがあったということになる。大人は表立ってそんなことは話題にしないが、おそらく、家では話題に上っていたのだろう。子どもは大人が家で話題に上ることを敏感に反映する。どこの家が広いか狭いか、子ども同士で話題にするのである。わが家の隣家はわが家より一部屋多かった。そのことで何度威張られたことか。これは、いろいろなタイプの家が混じっている戦後の団地の場合も同じである。差別意識というのはまったく度し難いものである。

私の最初の記憶は乙部の観音通りからはじまる。両親が三歳になった兄を連れて、名古屋から津に越してきた年に私は生まれている。最初は父の勤務校に近い江戸橋の借家に入ったらしく、私はそこで生まれた。その後、乙部の観音通りに引っ越したようだ。その辺の記憶はまったくないが、引っ越してきた観音通りの家の記憶はかなり鮮明である、近所にはすでに住宅が何軒かあったものの、いっしょに遊ぶような年頃の子はいなかった。原っぱ、つまり空き地がたくさんあって、そこで一人で遊んだ。その頃はまだ兄と遊んだ記憶はない。兄はすでに学校に行っていた。

はっきりしているのは幼稚園での記憶である。遊び仲間がいないことを親が案じてくれたのだろう、当時としては珍しく、二年間幼稚園に通い、おかげで親しい友人ができた。そのSちゃんとは、小学校に入ってからも親しくしていたが、小学校ではほかにも親しい友人ができたから、クラスが替わるといつのまにか疎遠になってしまった。

観音通りの家の台所にはまだ水道がなかった。炊事も洗濯もポンプ式の井戸だった。一日の使いはじめには呼び水をしないと水が出てこなかった。オクドさん（竈《かまど》）はどっしりと座っていたが、ガスはなかった。

水道もガスもない家では不便だったのだろう。私が小学校二年になるとき、同じ乙部の高砂通りに引っ越した。少し海に近くなり、家も少し広くなった。ガスも水道も来ていた。

だが水道は、流しに蛇口が一つあるだけで、勝手口を出たところにはポンプ式の井戸があった。風呂場もあったが、風呂の水は井戸から汲み入れるようになっていた。水汲みは子どもの仕事であった。主に兄がやっていたが、私も手伝った覚えはある。洗濯は井戸端でやっていた。

台所の流しの隣には黒光りのする二口のオクドさんがでんと控えていて、これは薪で炊くようになっていた。オクドさんの向かい側は調理台になっていて、そこにガスコンロが二台置いてあった。一つは鍋用のガスコンロで、もう一つは炊飯専用のどっしりと大きなものだった。ガスは来ていたが、ご飯はオクドさんで薪をくべて炊くことが多かった。きっとガスより美味しく炊けたのだろう。ガス代も高かったのかもしれない。

台所は土間であった。上がり框《がまち》を上がったところが四畳半の茶の間になっていて、丸いちゃぶ台で食事をした。ちゃぶ台は脚が折り畳み式になっていて、食事の前に脚を出すのは子どもたちの役目だった。

ちゃぶ台の真ん中は正方形に切り外せるようになっていて、鍋物のときはそこに七輪を入れていたような気がするし、鍋物のときはちゃぶ台を外していたような気もするし、そのあたりの記憶はあいまいである。

昭和二十年夏の空襲でわが家は灰になった。父の同僚のK先生のお宅に十か月間借りして、翌年春の私の女学校進学と同時に、焼け跡に市営住宅が完成して引っ越した。

まったく急ごしらえの粗末な家ではあったが、ありがたいと思わなければならなかった。抽選に外れれば〈焼け跡のバラック〉を建てなければならなかったかもしれない。なにもかも灰になってしまって、バラックを建てる資材など何一つあったとは思えない。

当時、津の市営住宅はどこも同じ造りだったように思う。六畳の畳の間に、三畳の板の間、そして二畳分の土間。この土間を台所にせよということだったか？　わが家ではその二畳に板を張って部屋にしていたような気がする。台所は三畳間の北側に差し掛け屋根を出してその下を物置にし、物置を通り抜けた出口の外に単独の飯炊き竈を買ってきて据えた。そこでご飯を薪で炊き、三畳間の出口近くに石油コンロを置いて、おかずを煮炊きしていた。ほかに、三畳間の真ん中に五十センチ四方くらいの炉を切って、灰の中に練炭を埋めていた。ほぼ常時練炭には火がついていて、煮炊きする鍋がかかっていた。時には練炭ではなく豆炭が埋められていた。その炉で兄はカルメ焼きを試していた。戦後まもなく、急にカルメ焼きが流行り出して、真っ先に兄がとびついた。兄はまだ中学生だったが、私や妹を侍《はべ》らせて、講釈付きで実験していた。カルメ焼きは今もお祭りの屋台などで作りながら売られているらしい。

カルメ焼きの作り方は、こうである。アルマイトなどのお玉に、ザラメ砂糖と少量の水と重曹を加え、火にかけて菜箸で混ぜる。かなりせわしなく混ぜていると、やがてプワーッとふくれてくる。お椀を伏せたように丸くなった頃合いを見て火から下ろして冷ます。じきに冷めてかたくなる。これだけである。結構なおやつになった。

流し台は差し掛け屋根の物置の中にしつらえた。水道管は焼ける前のパイプが通っていたようだが、ガス管は大きな通りで切られてしまって、わが家のあたりまでは来なくなってしまった。ある程度、人家の数が揃わないとガス管は延ばしてもらえなかった。その後、家を建て直してからも、たいして人家が増えなくて、あたりはみな、プロパンガスになってしまった。

やがて、母屋は市営住宅のまま、八畳の座敷や、廊下を、近所の大工さんに作ってもらった。二畳間は子ども部屋に改造されたが、兄が独占していた。また物置や、少しはましな差し掛け屋根の下に、流し台と竈をしつらえて、煙突も付けた。座敷ができたおかげで、お客を呼ぶことができたし、泊めることもできるようになった。庭の菜園は花畑に姿を変え、母はよく花を写生していた。

子どもたちがみな家を出て、やっと家を建て直した。新しい家は、孫たちが泊まれるように、と二階をこしらえた。

一階には四畳半の応接間とダイニングキッチンを作り、ステンレスの三点セットを据え付け、そのダイニングキッチンで食事をしていたが、夏休みに子や孫が来ると、食卓は調理台になって、私が主に働くことになった。妹は子どもたちの世話、兄嫁は掃除が主な仕事と、自然に分担が決まっていた。食事どきは八畳の和室と四畳分の広縁にみなが集った。

その頃、父は庭に温室などを建てて、観葉植物などを育てるようになった。私たちが子どもを連れて行くと、浴室にも父の作品が飾ってあった。

母は裏庭に一部屋建て増しして、そこで中学生たちに英語を教えていた。ちょっと遡って、建て直す前の家だったか、座敷では小学生たちに習字や学科を教えていた。こういう生徒たちを母がとくに募集したことはなかった。むしろ、近所の人たちが、

「おばちゃんは先生してたんやて？」

と、口コミで集まるようになったらしい。びっくりするほど月謝を安くしていたが、

「どこも、大変だから」と教えることを楽しんでいるようだった。

一方で、書道や日本画を習いに行ったり、教会で英会話を教えていると聞くと、参加したりしていた。さらに、当時、日本鋼管の大きな工場ができると、専属のカナダ人の牧師が日本語を教えて欲しいと人づてに言って来たときも、引き受けていた。母はそんな生活を楽しんでいたようで、日本語のスピーチコンクールがあると聞けば、張り切って指導して、三等賞をもらったとよろこんでいた。

母が英語を勉強していた大正時代はめずらしくリベラルな時代だったようだが、それでも、苦労した戦争の時代を越えて、そんな老後（五十代後半では老後とも言えないが）を過ごすことになるとは思ってもいなかっただろう。幸せだったのかどうか、私は今も気になっている。

二章　世間の味・私の味

のり巻き寿司●トンデモ多彩な中身

近ごろ流行るものに、節分の恵方巻きがある。大阪では古くから行われていた習慣だと聞くが、少なくとも私が聞いたのはそんな古いことではない。老人ホームに入ってからのことだ。クリスマスのケーキ、バレンタインデーのチョコレートと同様、業界主導による作られた流行でありながら、それなりに定着してきたらしい。

老人ホームでも毎年節分には恵方巻きと称してのり巻きが出る。さすがに丸ごとではなく切り分けられて、ただの太巻き寿司になってはいるが。

この春、恵方巻き関連でＮＨＫの番組「ガッテン！」がのり巻きを扱っていた。

主に、巻き方のコツの話だったと思うが、私が気になったのは、のり巻きの中身だった。私にとっての正統派のり巻きの中身は、かんぴょう、卵焼き、椎茸、デンブ、ほうれん草の五種である。ほうれん草が胡瓜や三つ葉になることはあっても、あとの四種は動かない。デンブは手製がのぞましいのだが、鯛を蒸してほぐして、水で晒《さら》して、さらに火にかけて炒り付けながら、ほんのり甘くして、うっすらピンクに色付けしてなどという面倒なことまでは要求できないから、あの砂糖ジャクジャクの市販品で我慢するにしても、極力量は少なくして、などと、私のこだわりは結構強い。

だが、番組の報告によると、地方によって中身に驚くほどの変化があるのだった。それも、多くが、それぞれの土地の伝統食なのだった。残念ながら、私には食べたいと思うものはなかった。中身がどんなものだったか、私は呆気にとられるばかりでメモをとることもしなかった。

老人ホームに入居して、車椅子生活になって私から友人を訪ねて行ったり、外で会ったりすることができなくなってからは、ここまで足を運んでいただくことにしている。はじめのうち、どなたもお土産を持ってきてくれた。私だってひとを訪ねるときは手ぶらでは行かなかったから、それはいいのだが、例えば菓子折りをいただくとどうなるか、箱入りではその時いっしょにいただくには多過ぎる。ホームは〈職員へのお心付けは固くお断り〉しているし、ここの入居者には血糖値の高い人がいて、でも、公にはしていないので、うかつにおすそ分けするわけにはいかない。

いつぞやは、菓子折り三つもいただいて、ほんとうに困った。嫌いではないからと一人で食べたらどんなことになるか。想像するだにおそろしい。ちょうどよく息子たちがくれば分けるのだが、息子たちだってメタボが恐ろしい年頃だ。

そこで、私なりに解決法を考えた。来てくれるのは親しい人たちだから、遠慮することはない。事情を話して、お菓子を持ってきてくれるくらいなら、お昼を持ってきてもらって、いっしょに食べましょう、と提案したのだ。だいたい、ここ、新横浜まで来るには、どこから来るにせよ、お昼を家で済ませてから来ては、遅くなるから、時間を有効に使いましょうというわけだった。

以後、ありがたいことに、美味しいお弁当を買ってきてくれる人もいるし、握り寿司を買ってきてくれる人もいる。ときには「太巻き寿司を買ってきてほしい」と頼むこともある。

あるとき、若い友人が、私のリクエストに応じて太巻き寿司を買ってきてくれた。

ところが、目を疑った。世の中には伝統的なのり巻きのほかにいろいろなのり巻きがあるなんて、その時まで知らなかった。考えてみれば……、そう、サンドイッチで経験済みではなかったか？　日本人はどんな変化をも受け入れることができるのだ。私はまったく時代遅れなのだ！　ともあれ私はサラダを巻いた太巻き寿司を前に、内心、それぐらい大げさに驚いていた。

ありがたいことに、伝統的なのも一本あったので、それをいただきながら、「これからは、伝統的な太巻き一色でお願いします」と、頭を下げたのだった。その友人は次に来てくれたときにはちゃんと伝統的な太巻き寿司を買ってきてくれた。この近所のスーパーにあったそうだ。大きなスーパーである。近ごろはコンビニでも買えるらしい。私がシャバを離れて以来、コンビニの充実ぶりはコマーシャルで承知ではあるが……。

昔は手作りしていた太巻き寿司も、簡単に買える時代になっているからこそ、のり巻きなんて作ったことがないという若い人にもリクエストできる世の中になっていたのだ。

あらためて、全国ののり巻きをネットで検索してみた。あるわ、あるわ……、信じられない多様さである。見たことも聞いたこともない変化形の中で、南房州の〈祭り寿司〉というのに、目がとまった。ほかの地方ではアート寿司ともいうらしい。要するに、金太郎飴の要領で、凝った図柄が切り口に出るように工夫されているのであった。そういえば私もどこかで教わって藤の花の図柄を描いたことがあったと思い出した。そして、房州だけでなく、今や日本全国、総芸術家の様相を示している。平和な日本！　それはともかく、私がテレビで見て驚いたのは、各地の伝統的なのり巻きの多様さであった。知らなかった。

だが私の期待するのり巻きにはかんぴょうがなくてはならないし、できれば椎茸の甘辛煮も欲しい。あとの三品、卵焼き、青み、デンブがそれに続く。さらに言えば話は元に戻る。

だいぶ遡るが、私がフィレンツェにいた頃、ある日、語学学校で知り合った若い女性が、アパートに遊びに来た。私は美味しいものを食べさせてあげると約束していた。

そして、作ったのが太巻き寿司だった。日本人ならだれでも好きだろうと勝手に決めていた。海苔もカンピョウも、干し椎茸も、乾物は日本を出るときに荷物に入れてあった。あとは現地で手に入る。

仕上げは上々だった。ところが、彼女は、それを見るなり、固まった。目には涙があふれてきた。

「のり巻きは嫌いなの?」私は驚いてきいた。意外な答えが返ってきた。

「口が小さくて、のり巻きは食べられないの」

そう言えば本当に小さい口をしている。正直羨ましいくらいだ。口が小さ過ぎて、大きく開けられないと涙ぐむ彼女を見ながら、それでも気を取り直して、

「半分に切れば大丈夫でしょ」

と、一個ずつ半分に切って食べてもらった。以後、のり巻きを食べる度に彼女の小さい口を思い出す。

お雑煮●この複雑な世界

私が津にいた子どもの頃、お正月によその家でどんなお雑煮を食べていたのか気にもしなかった。それが気になったのは結婚してからであった。夫は横浜育ち、つまり関東の人であった。

津で食べていたお雑煮は津のお雑煮というより、母の生まれ育った美濃のお雑煮であっただろう。ただ、津で生まれ育った梅本さんによると、津でも似たようなお雑煮だったということであるが。

まず、搗いて平らに延ばした餅が少しかたくなってから切り分ける。ときどき大根を切って包丁を湿らせる。当然四角い餅である。母の実家では餅を切り分けるのは当主の役目、定規まで使って真四角に切ったらしい。だが、わが家で父が切る餅はかなりいい加減で、真四角のものなどめったになかった。北海道育ちの父はよく言えば鷹揚《おうよう》だったが、少々雑なところがあった。元旦用の神聖なはずの餅は想像で補う必要があった。

お雑煮のおつゆは、カツ節だしの澄まし汁。欠かせないのが餅菜《もちな》である。餅菜は小松菜ではあるらしいが、もっと小ぶりで柔らかい正月用の菜であった。美濃だけでなく、津でも手に入ったところを見ると、東海地方では一般的な食材なのかもしれない。

ともあれ、わが家のお雑煮は、たっぷり餅菜の入った澄まし汁に、四角い、真っ白な餅を焼かずに入れる。搗かれてからあまり日が経っていなかったせいか、それとも当時の餅はよく搗いてあったのか、簡単に柔らかくなって、しかもよく伸びた。緑色の餅菜の上に鎮まった真っ白な（焼き目のない）餅。お椀によそってから、削りたてのカツ節をたっぷりのせる。じつにシンプルだ。「美濃はなんにもないところだから、貧しさの象徴だ」と母は言っていたが、私にはじつに正月らしい神聖な食べ物のように思われた。多分、この思いは今、当時より強くなっているのかもしれない。

正月も二日には、白い餅ではなく、黄色い粟餅か赤い黍餅《きびもち》が使われた。これは津では餅屋に搗いてもらっていたようだ。これも母に言わせると白い餅は貴重だったからだそうであるが、この粟餅、黍餅は甘味があって意外に美味しかった。近年雑穀飯が人気だそうだが納得できる。また、三日は味噌雑煮と決まっていた。おつゆを味噌汁に仕立てて大根などの野菜を入れた中に焼かない餅を入れただけのことであったが、美味しくて楽しみだった。津の家で使っていた味噌は八丁味噌と三河味噌の中間くらいのものだったようだ。ただ単に味噌と言っていたからよくわからない。この黒い味噌の味噌汁はあまり好きではなかったが、味噌雑煮は別格だった。

さて、結婚して、いざお雑煮をと意気込んだものの、私はたちまち挫折した。

それは、夫の壁であった。亡夫は横浜育ちであった。結婚してから、それまで私の作るものにほとんど文句を言ったことがなかったのに、お雑煮にはこだわりを見せたのである。

まず、お餅は焼かなければならない。現実に搗きたてのお餅は手に入らなくなっていたから、これは妥協するほかはなかった。次に、お雑煮の具は賑やかでなければならない。欠かせないのが鶏肉と大根であり、あとはなんでもいいから賑やかに、というわけであった。これって、ごく一般的なお雑煮ではないの？　個性なんかない。

東京には小松菜はあっても餅菜はなかった。東京の小松菜は大きくてかたい。あるとき、若い友人が美濃の出身だとわかり、お雑煮談義で盛り上がったことがある。帰省した彼女がさっそく年の瀬に餅菜を送ってくれた。懐かしく有難かったが、搗きたての餅は手に入らなかったから、私の中の神聖な元旦のお雑煮のイメージは完全に凍結されたままである。

毎年のお雑煮作りが苦になった。新しいわが家のお雑煮を創造しようと、ああでもない、こうでもないと試しているうち、当時中学生であった長男にガツンと一言やられてしまった。

「わが家のお雑煮にはポリシーがない！」

まったくそのとおりであった。今、お雑煮を作る役を降りて、ほっとしている。あの神々しいまでにシンプルなお雑煮は永遠に思い出の中にしか存在しない。

筋子とタラコ●タラコは焼く？

父は北海道出身である。

父はおおむね母の料理に満足しているようであったが、北海道へのこだわりはかなり強かった。とくにジャガ芋と筋子《すじこ》とタラコである。いうまでもなく、タラコはスケソウダラの卵であり、筋子は鮭の卵である。父はまず、何でもいいからジャガ芋が入っていればご機嫌だった。

筋子とタラコは、たまに北海道から送ってもらっていたようだが、父にはよほど貴重なものであったのだろう。とくに筋子はもったいをつけてちびりちびりと分けてくれた。おかげで私にとっても貴重な珍味として意識されるようになったものの、ご馳走とまでは思えなかった。長じて東京の魚屋で筋子を見かけても、高価だったから、自分のために買って食べる気にはならなかったが、夫のために一度くらいは買ったような気がする。その後、成熟した鮭の卵イクラが出回るようになっても、買ってまで食べる気はなかった。お寿司の軍艦巻きも敬遠しているほどだ。筋子のときは感じなかったのに、イクラになると少し生臭いような気がする。この感覚には一応理由がある。小学校では希望者に肝油を飲ませていた。やせっぽちだった私を心配して、母は私にも飲ませていたのだが、イクラは、いやいや飲んでいた肝油を思い出させるのだ。ひところ出回っていた人工のイクラは植物から作られていたそうだが、肝油の成分は天然イクラに近かったのではないか？

タラコは筋子に比べて高級感はなかったが、美味しかった。当然のことのように、わが家では塩漬けされたタラコをそのまま食べていた。結婚して、焼いて食べることを知ってかなり驚いた。私に言わせれば旨さ半減である。だが夫は焼かないと食べなかった。焼けばお弁当にも入れられるから、それはそれで助かったが、私はじきにお弁当作りをやめてしまった。その頃、夫は都心の大学に勤めていたが、大学の勤務時間はまちまちで、必ずしもお弁当が必要ではなかったからだ。都心では外食を楽しんでいたようだ。

息子たちは学校を卒業していた。ちなみに、横浜では給食は小学校だけである。だから、中学、高校の間はお弁当を作った。栄養士である母親として、栄養のバランスは考えたが、今どきのようにちまちまと凝ったりはしなかった。中学や高校の男子生徒にとって、母親の趣味みたいな凝ったお弁当なんて恥ずかしいのではないかと思っていた。当時私が作っていたお弁当は、例えば肉好きの次男の場合、豚カツをタマネギといっしょに甘辛く煮て卵でとじ、ご飯の上にどんとのせた豪快なカツ丼弁当だった。その日は自分用にも用意して、お昼を一人で楽しむことにしていた。天丼弁当もよく作った。カツもてんぷらも前日の夕食の献立にして、お弁当の分も揚げておけば、当日はさっと甘辛く煮るだけでいい。楽なものだった。栄養バランスとしてほうれん草のソテーなどを添えることも忘れなかったが。

サツマ芋とカボチャ●人類を救う？

戦中戦後を通じて、芋もカボチャもいやというほど食べた。「おかげで嫌いになった」というのは男性だ。一方、懲りずに、美味しいサツマ芋やカボチャを追い求める女性は多い。

戦後のサツマ芋にはたしかに不味いのもあった。だが、ありがたいことに父の勤務先の農学部の実験農場には、いろいろな種類があって、種芋を譲ってもらえた。私たちが作っていたサツマ芋は、やや粘土質の山地で作っていたせいか、半分に切って蒸すと、切り口から蜜が吹き出すというすぐれ物だった。かぶりついた方が甘かったと思うが、もったいなくて、スプーンですくい取りながらチビリチビリと味わったものだ。

現在市販されているサツマ芋は産地による銘柄品もあり、なかなか美味しいものがあるようだ。このごろ珍重されるものに鹿児島の紫芋があるようで、老人ホームの食事にも出る。つい最近は安納芋《あんのういも》なるものが出てきた。甘味が強いようだ。変わったものを出すのは料理長の趣味のようである。

少し前は阿波の鳴門金時《なるときんとき》のファンが多かったようだ。飽食の時代、サツマ芋の種類もますます増え、高級化の道をたどるのではないかと思う。スーパーでも、焼き芋が産地を明記して売られている。結構需要はあるようだ。

カボチャも様変わりである。昔はほくほくのクリカボチャとねっとりした日本カボチャに二分されていて、当たりが悪いと、きめの粗いジャクジャクのものもあった。今は当たり外れがない。大きなカボチャは切るのが容易ではなかった。ときにはナタを使ったりしたものだが、今はどれも小ぶりで、しかも半分か四分の一に切って売られている。

昔、カボチャは夏のものだったが、今は一年中見かける。もちろん、カボチャの原産地は日本ではない。南北アメリカ大陸にはさまざまな種類のカボチャがあるようだが、日本で人気なのは限られているようで、今はニュージーランドなど地球の裏側で、日本と同じ種類のカボチャを育ててもらって送らせているとも聞く。おかげで一年中同じように美味しいカボチャが食べられる。

ともかく、今、日本で売られているカボチャには、昔のような当たり外れはない。カボチャもサツマ芋も、ビタミンが豊富で繊維質も多い。こんなに身体によくて、美味しいものを女が好んで、男がいやがるということも、もしかしたら男女の寿命の差にも関係していると言ったらうがち過ぎか？

羊羹●「夜の梅」伝承

〈夜の梅〉という羊羹がある。黒い地の中に粒のままの小豆が隠れていて、夜に匂う梅を表しているらしい。なかなか風流な命名に思える。和歌山の《駿河屋》と東京の《虎屋》がひそかに名付け元を競っているとかいないとか。じつはわが家にはこの件に関する伝承がある。

堺の駿河屋は、堺が生んだ歌人、与謝野晶子（鳳志よう）の生家である。晶子の父、鳳宗七は商売人というよりも文人としての資質に恵まれ、「夜の梅」という命名も宗七が考えたということを、私は物心がついた時から聞かされていた。それを聞かせたのは母であり、母はその母から聞かされていたという。つまり私の祖母、里《さと》は晶子の実妹であり、彼女も宗七の娘である。その宗七は私の曽祖父ということになる。

晶子没後五十年を記念して一九九二年秋、堺で「堺の晶子から世界の晶子へ」というシンポジウムが開かれた。大岡信が講演したほか、シンポジウムのパネリストには当代の晶子研究者が名を連ねていた。そのパネリストの一人として私が参加を依頼され、「身内から見た晶子」と題して話をさせられることになった。たまたま夫が近代文学の研究者としてそのシンポによばれた際、私と晶子の関係をばらしてしまったことから、断りきれなくなったのだった。晶子の身内にしては文才があるとは思えず、吹聴することもなかったが、逆に隠すこともないとも思えて、しぶしぶながら引き受けてしまった。

その時は、熱い晶子とクールな妹・里、そして、里の孫の私という三人の女の、思考回路の驚くほどの共通点について話してみた。私が母から聞く晶子の業績は、歌より評論の方に傾いていた。その機会に私は一念発起して、晶子全集を読破し、時代の制約を越えて共感するものを感じたのだった。

会が終わって、晶子の末娘、森藤子さんが挨拶に見えた時、祖母の里にあまりにも似ていたことに驚いた。さらに驚いたことに、やはり挨拶にみえた女性が、これまた、私の妹の若い時にそっくりなのだった。彼女は、

「『君死に給ふことなかれ』の、弟、壽三郎の孫です」と言ったのだった。私のそばには夫が

いたのに、夫も、カメラを向けるのも忘れてみつめていた。そして、私は、「今、駿河屋は？」ときくのが精一杯なのだった。

「店じまいしました」という言葉が返ってきた。私は彼女の名前も住所もきくのを忘れていた。

伝承というのは必ずしも事実ではない。だが、その伝承のおかげで、会ったこともない曽祖父が妙に身近に感じられる。

ほうれん草のお浸し●東京のお浸しは手抜き？

ほうれん草は、東京ではもっともポピュラーな青菜である。ほかにも青菜は多いが、必ずしも全国区とは言えない。小松菜は東京が発祥の地らしいが、最近の小松菜は大きくてかたい。同じ種の餅菜は小振りで柔らかいが、東海地方限定のようである。ほかに、水菜、野沢菜などもあるが、お浸し向きではない。津には不断草やうまい菜なんていうのがあって、母は津を離れて海老名の妹のところに来てからも、庭で作っていた。

ほうれん草はイタリアにもあった。おそらく、国際的な分布をもつ珍しい青菜ではないかと思う。フィレンツェの青果店のほうれん草は、日本のように真直ぐに伸びた菜が束ねられているわけではなく、タンポポが風から身を守る冬葉のように、地べたに葉をひろげた形で売られていた。

日本では、茹でてお浸しにするのが、ほうれん草の最も一般的な食べ方だろう。子どもの頃、あの赤い茎が苦手だった。そういえば、最近のほうれん草にはあの赤いところがない。「栄養価が高いから」と強制されてきたあの恐怖はなんだったのか？　きっと私だけでなく、あの赤い茎が苦手な子どもは多かっただろう。また、ほうれん草はアクが強いから茹でて食べる、というのが常識であったが、最近のほうれん草は生でも食べられるらしい。昔の常識は通用しなくなっているようだ。そういえば、イタリアではそのままソテーにしていた。

前置きが長くなったが、ここで取り上げたいのはほうれん草のお浸しである。進学のために上京した私は、最初に母方の叔母に挨拶に行った。叔母は夕飯をご馳走してくれた。どんな献立だったかよく覚えていないが、ほうれん草のお浸しがあったことは覚えている。私はそのほうれん草のお浸しに目を見張った。茹でたほうれん草を三センチほどに切りそろえ、切り口を上にして、その上に削り節を振りかけてある。そして銘々が生醤油《きじょうゆ》をかけて食べるのであった。私は、最初、その叔母が料理を知らないのか、それとも手抜きをしたのかと疑った。津では料理に生醤油をかけて食べることはめったになかった。刺し身は刺し身醤油で食べた。東京のように紫などとしゃれたことは言わなくても、じつは繊細なのだ。

ところが、その後、あちこちでそういうほうれん草のお浸しに出会うようになった。寮の食事でさえそんな風であった。ようやく、これが東京風なのだと納得したのだった。

津ではほうれん草のお浸しにも、ほかの菜っ葉のお浸しにも、ちゃんと出し汁とみりんと醤油で味付けをしてから盛り分けていた。

上京してきて間もない頃だったから、おそらくこれが東西食文化の違いの初体験だった。

魚その2●大鯵は大味か

鯵《あじ》は大衆魚であるが、癖のない、旨味のある、なかなかのすぐれものである。近年、サンマやサバなどほかの大衆魚と同様、漁獲高が減っているようであるが、それでも、まだ人気は衰えていない。残念ながら、骨を取り除くことが難しいせいか、老人ホームではなかなか出てこない。いや、大きな鯵の切り身がフライになってたまに出てくる。大きい方が骨を除きやすいということなのだろう。だが、元来鯵フライには大きなのはあまり使わない。

一般に、鯵は、中鯵の塩焼きか、開きの干物というところが定番であろう。だが、津では大きな鯵を切り身にして焼いたり煮たりしたこともあった。とくに、醤油とみりんに浸けて焼いた大鯵の付け焼きは好物の一つであった。

父も母も弟妹が多かったから、私には叔父や叔母も多い。私がまだ独身で、東京で働いていた頃、室蘭の富士製鉄にいた父の末弟M叔父が転勤になって東京に越してきた。富士製鉄が八幡製鉄と合併して新日鉄（現・新日鉄住金）になる前であった。

戦前のことだが、津のわが家には、父方、母方を問わず叔父たちが泊まりに来ることがあった。わが家に来るのが目的だったか、伊勢参りが目的だったか、叔父たちは必ず伊勢まで足をのばし、その都度、兄か私がお供していた。家で待つ弟妹へのお土産には大きな鉛筆と生姜糖を買った。生姜の味のする大きな熨斗《のし》の形をしたピンクの生姜糖が妙に懐かしい。

室蘭から課長として東京に転勤してきたM叔父は、まもなく部長に昇進したようだ。勢いのある大企業の部長の社宅はなかなか立派であった。場所は井の頭線の浜田山から徒歩圏内、鉄筋コンクリート造りの二階建てで、一階には、座敷が二間、ゆったりとしたリビングダイニングに、四畳半くらいのキッチン、そして三畳の女中部屋まであった。二階は八畳と六畳の二間、そして広いルーフテラスがあった。コンクリート塀で表通りから守られた庭は、子どもたちが芝生でバドミントンをするくらいの広さがあった。敷地は百五十坪だったと、その後、従妹に聞いた。

一方、津では、昭和三十年代初めの当時、焼け跡からやっと息を吹き返したばかりで、しかもその間に大きな水害もあった。家の再建より子どもたちの進学を優先して、市営住宅に少しずつ建て増しながら、かつかつ暮らしていたから、叔父の家はまるで違う世界に来たようだった。

その後、十年もすると、東京の住宅地にはぼちぼち新築の戸建て住宅が建つようになるが、やがて、敷地面積がどんどん狭くなっていくのを、私は興味深く眺めていた。分譲面積は百坪から五十坪、そして三十坪へと狭くなるスピードはかなり速かったようだ。その後、一フロアに一部屋、三階建てという〈鉛筆ハウス〉なるものまで現れた。若者、健常者限定ハウスだ。こうして東京や近郊の住宅地からゆとりがなくなってきた。

M叔父は昇進を続けていたが、その後、会社の持ち家奨励制度を利用して、同じ杉並区内に家を新築して社宅を出た。だがおそらく土地の高騰などもあっただろう。新居の敷地は社宅より狭くなっていたようだ。これは私が結婚してしばらく足が遠のいていた間のことだった。

さて、独身時代、M叔父に「いつでもご飯を食べに来なさい」と言われて、私は月に一度くらいの頻度で出かけていた。

その頃、私は都立の定時制高校で栄養士として働いていた。

定時制高校の生徒たちは、昼間仕事をして、空腹で学校に来る生徒が大半であったから、始業前に学校で夕食を食べさせようということで、給食が始まったばかりであった。教師たちも若い人が多く、新しい試みに協力的で、職員室は活気に満ちていた。昼間大学院に通っている向学心に燃えている人も何人かいた。そういう中で青春時代を送ったせいで、私も向学心をかき立てられたのだと思う。結婚してから今に至るも、私は勉強が趣味になった。しなくてもよい頃にしたくなるあまのじゃくであった。

給食は厚切りの食パン二枚と脱脂粉乳という制約はあったが、教師たちの協力も得て、おかずにはいろいろ工夫していた。だが、正直に言えば私自身は家庭料理に飢えていた。

M叔父は父とは十歳以上離れた末弟だったから、三人の従弟妹たちも私より半世代下で、男一人、女二人。それまであまり会う機会はなかったが、一応、みんな歓迎ムードで迎えてくれた。

叔母の家庭料理をご馳走してもらいながら、母とはまた違う環境に育った叔母からも学ぼうという気持ちになっていた。叔母も遠慮などしないで私に用を言いつけてくれた。この叔母は東京駅に近い京橋の生まれ育ちだと聞いていたから、母とはかなり好みが違うのではないかと覚悟はしていたが、やはり同じ日本、意外に共通点も多いとわかった。

あるとき叔母が、

「蕗《ふき》を煮ておいて」と言い置いて出かけたことがあった。

津ではかなり濃い味でしっかり煮付けていたような記憶があったが、叔母はきっと、上品に薄い色に仕上げるのではないかと思って、ダシは利かせたものの、色は薄めに仕上げた。ところが、叔母は帰ってくるなりそれを見て、

「蕗は田舎風の濃い味が好きなのよ」と言いつつ、醤油をジャーと注いだ。そんなことでめげてはいられない。ここは、しっかり勉強させてもらった。

また、ある日、叔母は大きな鰺を買ってきて、

「焼いておいて頂戴」と言い残して出かけた。

一般には、大鰺は大味だと敬遠されがちなことを知っていたから少々驚いたが、ここは腕の見せ所と張り切って、得意の付け焼きにすることにした。

まず、二枚に下ろし、それぞれを半分に切った。二尾あったから、全部で八人前、その夜は六人だったから、まあ、いいかと、その八切れを醤油とみりんに浸してから焼いた。

帰ってきた叔母は見るなり、

「なにこれ、鯵は塩焼きにきまっているでしょ」と一喝した。

私も、ちょっと味が薄かったかなと反省していたので、強いて反論はしなかった。やはり、証拠を揃えないと強くは出られない。今も、大鯵の付け焼きは懐かしいが、これも、幻の味になりそうだ。

魚その3●タラバガニとキンキ

北海道の網走には父方の従兄妹がいる。父の姉の子である。東京でのM叔父の葬儀の折り、かなり年下の従妹に初めて会った。初対面ではあったがすぐに打ち解け、ぜひ遊びに来いという話になった。彼女にはかなり歳のはなれた兄がいて、体調不良とかで葬儀には来なかったが、彼には子どもの時、祖母の葬儀の際に小樽で会っている。

ともあれ、私は網走の従兄妹たちのところに行くことになった。小樽から出てきて、首都圏暮らしが長くなっていたもう一人の従姉Mとその夫君に同行する形だった。私は当時五十歳を少し越えたところだったか、子どもたちは二人ともすでに家を出ていた。昭和の終わり頃だった。

その従姉の兄、つまり私の従兄が当時釧路にいて、まず、そこを目指した。羽田から直行便である。釧路の従兄のところには網走の従兄が迎えに来ていた。釧路で海鮮どんぶりを堪能し、網走の従兄の車で出発した。途中、摩周湖に寄って網走に着くと、待っていたのは、まさに〈北海道！〉の接待だった。翌日から案内されたのは、真っ赤なアッケシソウが盛りの能取湖、知床半島、そして博物館網走監獄、流氷博物館等々。そして夕食に供されたのは、網走港で水揚げされ、茹で上がったばかりの大量のタラバガニと、キンキの唐揚げあんかけ。唐揚げは骨まで揚がっていた。超高級魚だというキンキの名前は知っていたが、食べたのは初めてだった。予想以上に美味しかった。

網走の従妹は、若くして夫を亡くし、市内の鮮魚店に勤めて身を養っているということだったが、その環境を活かして、最高のご馳走を用意してくれたのだろう。

その次の年だったか、牛海綿状脳症（ＢＳＥ）というのが問題になったことがある。わが家の正月恒例のすき焼きが気になった。松阪肉が心配というわけではなかったが、供される方は、もしかしたら牛肉は避けたいかもしれないと思って、その年はすき焼きをやめてお寿司とタラバガニにした。従妹に面倒をかけるのもはばかられて、当時よく配られていた広告に頼ることにした。さまざまなチラシのうち、たいして根拠はなかったが、よさそうなところに頼んでみた。タラバガニの漁獲量規制がはじまるために、品薄になる恐れがあるということだったので、早めに注文した。送られてきたものは、チラシの写真のとおり、なかなか立派に見えた。がちがちに凍っていたので、下の方はすぐには確かめられなかった。ところが、そのまま冷凍保存しておいて、大晦日にいざ解凍しようと出して見たところ、表面には立派なのが並んでいたが、底に行くほど小さくなっていることが判明した。味もまったく期待外れであった。これで、幻の味覚がまた増えた。

時計の針を巻き戻して独身時代、東京のM叔父の家に行くようになっていたあるとき、昼食のおかずがもう一品欲しいねと、叔母はタラバガニの缶詰をとりだした。今ほどではないにしても、やはり高価なものだったはずである。おそらくいただき物だったのだろう。叔母は気負うこともなく、缶を開けると、水気を切って、さりげなく三つ葉といっしょにかき揚げにした。その後、私も結婚して、たまにはお歳暮などにタラバガニの缶詰をいただくこともあったが、なかなか、〈さりげなくかき揚げ〉とはいかなかった。せっかくだから主菜にしようとつい張り切って、〈芙蓉蟹〉などにしてしまう。一度は、あの時の叔母のように、さりげなく、〈三つ葉とかき揚げ〉にしてみたいと思いながらついに機会を逃してしまった。あれは、さりげなく美味しかった。

お土産について●房州には勝てない

房総半島の先端、房州というところは海産物に限らず名産品が多い。なんでも名産品にしてしまうほど、産物が豊かだということだろう。

最近は枇杷《びわ》が目立つ。私が夫の実家にいた昭和三十年代の終わり頃、庭に立派な枇杷の木があった。大きくて甘い実がたくさん生った。実生《みしょう》だからとくに甘いのだということだった。枇杷は虫や風から守るために袋かけをする。同時に摘果もした。良い実だけを育てるのに必要な作業である。私はまだ若かったし、子どもの頃はお転婆だったから、すすんで木に登って摘果や袋かけをした。

枇杷はほんど一斉に熟した。食べきれないからと、私は当時横浜にいた妹のところにも送ることにした。だが、その頃まだクロネコヤマトの冷蔵車はなかった。ダメモトで送ってはみたが、やはり食べられるものはほとんどなかったようだ。その木も今はない。娘たち（夫の妹）が結婚して、しばしば車でやってくるようになり、数台分の駐車スペースを確保するために伐《き》ってしまったという。今は房州の道の駅やホテルの売店などには枇杷を加工したお土産があふれている。

この老人ホームの同じフロアに百四歳になる女性がいる。脚を痛めて、今はほとんどベッドにいるが、二年前までは食堂で私の前の席だったから、二人はよく野球談義で盛り上がったものだった。熱烈な巨人ファンだったから、スタッフたちもにわかファンになって話を合わせていた。彼女が食堂に出てこなくなると、私はときどき彼女の部屋までお見舞いに行った。ここでも野球が話題になった。巨人の監督が高橋由伸に交代したことを告げると、彼女は、「悪くないね」とにっこりしたものだ。なかなかの面食いなのである。

最近は、息子の都合がつくときに房州にお墓参りに連れて行ってもらうのだが、その彼女に私は枇杷のゼリーをお土産に買って行くようになった。ここには血糖値が高い人もいるので、やたらに甘いものをあげてはいけないことになっているが、百歳も過ぎた彼女だけは特別に許されていて、私はゼリーのお返しに彼女の素敵な笑顔をもらっている。

さて、夫の妹たちからのお土産の話である。お土産を持たされれば、こちらも手ぶらというわけにはいかない。ところが、当時住んでいた座間には名産品らしいものがない。駅前の菓子屋には〈名物大凧煎餅〉なるものがあり、また、落花生煎餅もあった。煎餅は珍しくもないが、そういえば近くの秦野《はだの》市は落花生の産地であった。母方の叔母の一人が住んでいた縁で子どもたちと落花生掘りの行事に参加したことがあった。「これだ！」と喜んだのも束の間、千葉の四街道にいた義妹に先を越されてしまった。あちらもまた、いや、あちらこそ、秦野の上をいく落花生の名産地だったのだ。それならと、今度は豚の味噌漬け〈とん漬け〉をお土産にしたこともあった。だが、重かったし、賞味期限も短くて、お土産にふさわしいとはいえなかった。

今も、お土産には苦労している。近くの、新横浜の駅ビルの高島屋のお土産コーナーで横浜名物を物色するのだが、順番に見て行くうち、いつの間にか横浜を通り越して、鎌倉や葉山等のコーナーに来ていたりする。

最近、《崎陽軒》に小型でバラエティに富んだ月餅が出ていることに気がついた。今度はこれを試してみようか？

高座豚と大和豚●新横浜のレストランで

三十年近く住んでいた神奈川県の座間市あたりは元、高座郡と言った。〈幻の高座豚〉という言葉を聞いてはいたが、そのとおり、高座豚は出回っていなかった。

市の中心部から西に向かって、三十分近く歩くと、相模川に行き当たる。川に近いあたりはほとんど人家がなかった。座間に引っ越してきたばかりの五月の連休に、大凧揚げがあるというので、小学生だった次男と歩いて河原まで行った。風の具合がよくないとかで、凧はいっこうに揚がらなかったが、河原に出ていた屋台を覗きながら、でも、結局なにも買わずに戻りかけた。往きには気がつかなかったが、畑の中の囲いの中で豚が飼われているのに気がついた。あまり大きい豚ではなかった。

さては高座豚かとしばらく眺めていたが、いっこうに人が現れる気配がなかったので、そのまま帰ってきた。

高座豚という名は知っていたし、かなり高級な豚だと聞いていたが、畑の中のせいぜい十数頭では、とても名産品にはならないだろうと思った。

そのうち、座間の川向こうの厚木市の駅前に〈波多野のとん漬け〉なる店が現れ、旨いと評判になった。味噌漬け豚である。たしかに美味しかったので、一時期お土産にもするようになった。だが、店頭には〈高座豚〉の表示はなかった。やがて、座間の《肉の石川》でも、〈とん漬け〉が販売されるようになった。やはり高座豚の表示はなかったが、食べてみて美味しかったので、たまには買うようになった。

その後、高座豚は一時絶滅したが息を吹き返したという噂を聞いた。そのうち、高座豚の表示も見られるようになったが、横浜に越してきて忘れていた。

さらにその後、座間の小学校でいっしょにPTA活動をしていた仲間が、毎年ここ、新横浜の老人ホームまで来てくれるようになった。すぐ近所に、最近流行りの、教会風の結婚式場ができ、式のない日にはレストランとして営業するようになっていた。そのレストランで食事をするようになって、もう数年余り経つ。内容のわりには手ごろなお値段で、近所の若いお母さんたちにも人気があるらしく流行っているが、ある年、選んだコース料理の中に〈大和豚〉のソテーというのがあった。

大和豚？　さて、そんな名前は聞いたことがない、もしかして、と閃《ひらめ》いて、ボーイさんにきいてみた。

「もしかして、大和豚というのは高座豚のことですか?」

店の方はちょっとばつが悪そうに、

「そうです」と答えた。

神奈川県の大和市も、もとは高座郡にあった。だが、高座豚の名はもう、有名ではないと遠慮した結果だったのか? いっしょに食べていた連中は座間市民だったが、あまり高座豚にはこだわっていなかったようだった。私にとっては、昔の恋人に会ったくらいの感慨はあったのだが。

名物横浜シ、ウ、マ、イ、●崎陽軒と博雅

横浜名物にはシュウマイがある。これを忘れるわけにはいかない。

今、横浜のシュウマイといえば《崎陽軒《きようけん》》である。だが、横浜出身の夫に言わせれば、あれは邪道なのだそうだ。横浜のシュウマイは《博雅《はくが》》に限るという。博雅の〈シウマイ〉は豚肉オンリーの正統派であり、崎陽軒のそれには貝柱が入っている。貝柱は養殖のおかげか、たくさん出回っていて、じつにさまざまな料理に用いられている。それなりに癖のある味ではあるが、すっかり慣らされてしまって、万人が美味しいと感じるようになっているのだろう。崎陽

軒の〈シウマイ弁当〉は結構人気があるようだ。

シュウマイは自分でも何度か挑戦してみたが、どうしても豚肉臭くなる。それでも博雅のシウマイの味に近づけることはできても、崎陽軒のシウマイに近づけるのは面倒な気がする。買った方がマシということになってしまうのだ。

学生時代、病院給食の実習に、本郷の東大病院に行ったことがあった。一週間くらいは通ったと思うが、記憶に残っているのはシュウマイだけである。その時すでに、私にはシュウマイの味は難しいという意識があった。どういう配合だったのか聞いてみたかったが、現場は忙しそうで、ついに聞けなかった。無難な味だったという記憶はある。

ところで、崎陽軒のシウマイには真空パックという商品がある。日もちがよくて、お土産には便利だが、少々味が落ちるようで気が引けて、こういう口上といっしょに渡すことにしている。

「主婦にはときに手抜きしたいことがあるでしょ？　外出して帰ってきたときとか。そんなとき、せっかくもらったものがあるから、（美味しくないかもしれないけど）こういうときこそいただきましょう、といって出すのよ」

ずいぶん、ややこしい演出だが、真空パックのシウマイは、その程度のお土産なのである。

実際に役立ててもらったかどうか知らないが、これまで、数回はお土産にしている。まったく横浜土産には苦労する。

小田原駅の小田急線と新幹線を結ぶ通路に博雅が店を出していることがわかってからは、関西に行った帰りには夫への土産に必ず買うことにしていた。お土産というもの、適当なものが思いつかないときはなかなか厄介なものだ。

納豆●なんとか食べてます

関西人が納豆を嫌うことはよく知られている。これは嫌うというより、そもそもなじみがなかったということでもあろう。今は関西のスーパーでも売られているようだ。

私は子どもの頃、好き嫌いの多い子だと自覚していた。人参、ほうれん草、小骨の多い魚など、嫌いなものには母に叱られながらも手をつけなかった。だが、栄養士を目指して上京したのを機に、私は自分に言い聞かせた。「もう、大人なのだから、自分で責任をとらなければならない」と。わがままが言えるほど豊かな時代ではなかった。反省するのが少々遅くて骨の弱さはなかなか改善しないが、ともあれ、成人するにあたって好き嫌いをなくそうと思い立ったのは、われながら殊勝であった。なぜこんなことを自慢するのかといえば、大人になっても、好き嫌いの激しい人が意外に多いことがわかったからである。ここ老人ホームでもその傾向が強い。自分が損をしているのにと、偉そうに言いたくなる。

私は進学と同時に学生寮に入った。ここで好き嫌いなどしていては栄養失調になりかねない。

好きなものを勝手に外に食べに行ける時代ではなかった。学生寮での食事は寮生が当番で作っていた。教育の一環と位置づけられていたのだ。上級生と下級生、数人が組になって、朝夕の食事を、献立、買い物、調理と、すべて担っていた。当番は一週間か十日に一度まわってきた。また、昼食は学食であった。昭和三十年代に入ったばかりの、今から六十年ほども昔であったが、学食とはいっても〈キャフェテリア〉と呼ばれるしゃれた食堂であった。セルフサービスのこの形式は、今では珍しくないが、当時は初体験であった。そして、このキャフェテリアの調理室にも、学生は順番で参加していた。

寮では一週間に一度程度、朝食に納豆がついた。関東の人にとっては普通のことであっただろうが、私にとっては、好き嫌い克服の第一の関門でもあった。でも、覚悟が本物であった証拠に、鼻をつままなくても、〈気合いで〉克服することができた。

だが、その後、もう一度関門が待ち受けていた。東京で栄養士として働いていた頃、ときどき訪れていた知人のお宅で納豆が出たのである。先方の奥様は気安く、「弘子さん、納豆食べる？　いただいたのが余ったのよ」ときいてくださった。「え？　もうお昼は済んだのだけど」と思ったが、断るのも失礼かと思って、「はい」と答えてしまった。まもなく出されたのは、納豆だけ！　ご飯はなかった。おやつとして出されたらしかった。ぐっと肝に力を入れて、この関門も越えた。

結婚した相手は横浜育ちだったから、〈朝食に納豆〉は当然だと思っているふしがあった。

それは覚悟の上ではあったが、せっかく、料理の主導権を握っているのだからと、少し手を加えることにした。納豆の臭みを少しでもやわらげたいと思ったのだ。加えたのは辛子とネギだけでなく、生卵に大根おろし、それに浅草海苔。納豆好きには邪道と言われそうだが、生卵も、大根おろしも海苔も好きな夫に文句はなかった。

ところが、である。結婚した息子が、奥さんに出された納豆に驚きの声をあげたという。

「ええっ！　生卵が入ってないの？」今度は奥さんの方が驚いたらしい。

「ええっ！　そんなものを入れるの？」その後のことは聞いていない。

そして私はといえば、それから何十年も経って入院した病院で、一週間に一度は〈プレーン納豆〉が供され、しぶしぶながら、それでも頑張って完食していた。ここ、老人ホームでは、朝食にパン食を選択しているので、めったに納豆にはお目にかからない。そうなると、「納豆は栄養価が高いのになあ」と、なんだか惜しいような気もしてくるのである。

この老人ホームにも関西出身の人はいて、納豆を拒否している。そうなれば厨房はほかの物を出そうとする。納豆の代わりに出てきたのは、ウズラ豆の甘煮であった。彼女は甘いものも拒否しているから、これは茶番劇であった。献立にない料理を期待しても、結果はそんなものである。老人ホームに入る前に好き嫌いをなくしておいた方が多分、生きやすい。

土筆●老人ホームにも春は来る

私が現在暮らす老人ホームは新幹線の新横浜駅から遠からず、市営地下鉄の駅からも徒歩数分と便利な住宅地にある。このあたりは元、畑か田んぼだったのか、思わぬところに思わぬ野草が顔を出していて、とくに春になると、週一度のリハビリでそれらに出会うことが多くなり、楽しみが増えた。

隣には今風のしゃれた結婚式場がもう一軒あって、建物の周りにはいろいろな花が植栽されているが、そこにいつの間にか野草も仲間入りしている。タンポポ、オオイヌノフグリ、ヒナゲシ、コヒルガオ、ホトケノザ、小笠原ヤマユリ、マツバウンラン等々、昔なじみの名前を思い出したり、あらたに調べたりと楽しい。雑草だけではない、クレマチス、シャクナゲ、ローズマリーなど植栽された花々も楽しませてくれる。街路樹もまたしかり。ハナミズキやヤマボウシには花だけでなく、夏の終わりには赤い実が生ることも知った。実はジャムなどにして食べられるという。

そうした中で、土筆に出会ったのである。

〈リハビリやこんなところに土筆とは〉

思わず、一句。そのまんまの感動である。懐かしいという以上の〈!〉マークを付けたいくらい感動した。

子どもの頃、住宅地とはいえ、田んぼや畑にかこまれて過ごしていた私には、土筆など珍しくはなかった。だが、ある年、友だちとちょっと遠出した土手の斜面に大量に群生しているのに出会うと、二人は憑かれたように土筆を摘んだ。入れ物など持っていなかったから、多分、スカートにでも抱え込んだのだろう。家に駆け込んで、茶の間の床にザーッとあけた。だが、土筆はハカマを取り除かなければ食べられない。責任上、私がほとんど一人でハカマを取った。指先に土筆の臭いが染みついた。その土筆を母は甘辛く佃煮風に味付けしてくれた。ほろ苦い味は舌が覚えてくれている。

松茸●上田の松茸ご飯

私がまだ子どもだった頃、隣のおばさんに篭一杯の松茸をいただいたことがある。おばさんの実家の伊賀上野は松茸の産地だったらしい。残念ながら、篭一杯の松茸は目には残っているが、どうやって食べたものやら、多分、母が松茸ご飯にしてくれたのだろうが、その辺の記憶は曖昧である。

目だけでなく、舌も覚えているのは、私が学校を卒業して一時期、津の大川学園、通称ドレメの料理教室に勤めていた時の、丈、二十センチはあろうかと思われる巨大な松茸のフライである。その頃、ドレメでは月一回、名古屋から専門の先生を招いて料理教室が開かれていた。そういうときは私と同僚のOさんが助手を務めた。あのとき、西洋料理の時間に用意された松茸は大き過ぎて、フライにでもするほかなかったのではないか、教室が終わってもかなりの松茸が残っていた。捨てることはない。私とOさんの二人して、ありがたく頂戴した。その後、二度とそんな機会はなかった。

松茸についてはもう一つエピソードがある。

夫は、本が好きで、新本、古本を問わず買い集めていた。私も本は好きだったから文句を言うつもりはないが、ちょっと度を越していたかもしれない。もちろん、世の中にはさらに上をいく者も少なくないことは知っていたが、家計と置き場所を考えればおのずから限度というものはあろう。

結婚する前に、ちょっと気になって、預金通帳を見せてもらった。なんと、残高ゼロどころかマイナスになっていた。丸井で買ったカメラの月賦が払い終わっていなかったのだ。聞けば、生活費以外のほとんどを本代に費やし、残ったら母親に持って行くという日常だったようだ。結婚式の費用どころではない。当時、会費式の披露宴が流行っていたから、式の費用を心配する必要はなかったし、派手な披露宴など望んでいなかった私ではあったが、家計の先行きが思いやられた。この状況を許すことはできない。私はさっそく、

「今後、給料は封を切らずに渡してもらいます」と釘を刺した。夫は抵抗しなかった。

夫には妹が六人いた。揃いも揃ってとびきりの孝行娘であった。だれもが、「そんなところにお嫁に行って、大変ね」と同情してくれた。

親孝行を張り合うつもりはなかったが、家計はしっかり守らなければならない。私は家計簿をつけるのが苦手だった。残高合わせで端数が合わないのがいやだったのだ。だれかが財布からもっていった？　などという疑いを持つようになったら家庭崩壊になりかねない。と余計な心配をし、いや、それを口実にして、すっぱり家計簿をつけることはやめた。そのかわり、予算方式にした。月ごとに必要と思われる金額を袋に小分けして、もしどれかが足りなくなっても、月内でやりくりすることにした。贅沢など趣味ではなかったから、これで、主婦卒業まで問題はなかった。

給料が上がるにつれて夫の小遣いは少しずつ増やしていたし、本代は別に計上し、本屋の領収書をもってきたら払うということにした。夫が高校の教師から大学の教師になると、大学から研究費が支給されるようになった。もちろん、年額は決まっていて、報告書も領収書も提出しなければならない。細かい仕事はすべて私にまかされた。やがて、夫に臨時収入が入るようになると、その収入は折半して家計に入れる約束をした。

夫は人前でしゃべることが好きだったようで、講演の依頼も喜んで引き受けていた。講演は図書館や公民館など公共の場が多かった。私も経験しているが、公的な場での講演料は、何十年間もずっと、三万円に据え置かれていた。とくに教師のように固定収入を持っている場合、それが当然という扱いだった。近場では交通費も出ないことが多かったから、かなりきついことではあった。一方、作家など著名人の場合、驚くほど高い講演料が払われていると聞いた。

あるとき、夫は信州上田のさる短大によばれたことがあった。講演を終えて受け取った袋を確かめて見て、交通費のほかに十五万円入っていることに気がついた夫は舞い上がってしまったらしい。半分家計に献上しても、残りの七万五千円が自由になる。そこで、さっそく観光タクシーを頼んで、上田を案内してもらった。ここまでは常識の範囲内である。ところが、夫は早めの夕食に運転手を誘ったのだ。固辞する運転手を、上田の有名な料理店に誘った。

信州上田は松茸料理が有名である。そこで二人は松茸料理を堪能したらしい。一人前、三万五千円だったとか。これで夫の講演料はあらかた消えた。あきれはしたが、文句は言わなかった。ただ、昔話「かさじぞう」の中で、売れなかった笠を六体の地蔵様にかぶせて帰ってきたおじいさんを、

「よいことをされましたね」とあたたかく迎えたおばあさんの心境には遠かった。

炊き込みご飯●味付けの科学

母校の香川昇三・綾先生夫妻は揃って医学博士である。お二人は、病気になってから治す医学より病気に罹らない身体をつくる栄養学が大事だという考えに基づいて、女子栄養大学を創

設したのだと聞いている。

栄養も大事だが、料理は美味しくなければならない。家庭の料理や料理店の味付けはある程度の熟練によって、目分量ということも許されるだろう。だが、大量に作る集団給食はそうはいかない。ここは科学的に考えなければならない。そのことを私は肝に銘じて学んだ。

味の決め手はなんといっても塩加減だ。〇・九％という生理的食塩水に近い塩加減にすれば、口にも身体にも心地よいという説明は妙に納得できた。醤油は塩の五分の一、味噌は十分の一の塩分を含むという基本を知れば、あとは微調整すればよい。計算は簡単である。香川綾学長は、計量カップと計量スプーンを考案して計量を簡単にした。同級生でも、そんなこと忘れていたという人がいるところを見れば、私はよっぽど理屈っぽくできているのだろう。以後、私はこの教えを金科玉条として守りつづけ、おかげで、塩加減で失敗することはなかった。

定時制高校の給食は、当初、食パンに脱脂粉乳が基本であった。小中学校の給食も同様であったと思う。日本はまだアメリカの食料援助を受けていて、学校給食もその支配下にあった。だが、やがてご飯を出してもよいということになった。私は腕試しに、まず炊き込みご飯を作った。四学年、各二クラスで四百人近くの生徒と教師を養う、大きな釜二つの炊き込みご飯を目分量で味付けることなどできるわけはない。米と水と具の総量を綿密に計算してできあがった炊き込みご飯は大成功だった。以後私は家庭で作る炊き込みご飯にもこの計算を応用していた。

母の炊き込みご飯も美味しかった。おそらく私の味の原点はここにあっただろう。母は婦人雑誌から学んだのか、米○合に、醤油スプーン○杯などという覚え方をしていようだ。できあがった味は、結局私の舌が覚えていて、私はそれに近づけようとしていた。

素麺・にゅうめん●花マルつきの大好物

夏といえば素麺である。老人ホームに入る前、夏になると独りの昼食は必ず素麺を食べていた。家族がいる時も、かなりの頻度で昼は素麺にしていた。麺つゆは当然、自分で作っていたが、独りで食べるときは、だんだん楽をするようになっていった。市販のつゆは甘過ぎて気に入らなかったがついに陥落した。人々が贅沢に慣れるにつれ、世の中の好みも甘くなってきたようだ。私は一歩遅れているらしい。もう少し抵抗したかったが難しかった。

私の麺つゆの味の原点は、これも母の味である。戦後、早い時期から夏の昼食には冷や麦を食べるようになっていた。冷や麦は最近めったにお目にかからないが、当時は素麺の方が珍しかった。素麺は高級品だったのかもしれない。焼け出されてろくな食器もなかったとき、さすがにコップは人数分揃えたらしく、冷や麦もコップで食べた。もちろん、麺つゆは母の手製。砂糖もみりんも入ってなかったが、ダシが効いていて無性に美味しかった。家族揃ってコップで冷や麦を食べていた光景が目に浮かぶ。

冷や麦は素麺より太くて、一把の乾麺の中に必ず赤と青の麺が数本入っていた。とくに美味しいわけでもないのに、子どもたちは色のついた麺をとることを競っていた。有害着色料などという話もまだ知らなかった。素麺と冷や麦の違いは、ただ太さだけでなく、とくに手延べ素麺はあぶらを使って延ばすのだということも聞いたが、手延べでないのは麺の太さだけで製法に違いはないとも聞く。

多分、当時は素麺の方が高価だったのだろう。それがいつの間にか素麺の方が優勢になってきたのは社会が贅沢になってきたのだろうか。素麺の名産地が喧伝《けんでん》されるようになって冷や麦は劣勢に立たされるようになっていった。そして私の好みも素麺に傾いていった。

ところで、素麺の名産地とされるのはほとんど西日本である。いやでもそのことに気づかされるほどその傾向は強い。有名どころでは、三輪、播州、島原、小豆島といったところか。東京から神奈川にかけて蛇行する長い鶴見川の流域に私は住んでいるが、その下流では昔、素麺を作っていたということを最近知った。だが、流域の発展に伴っていつの間にか消えてしまったらしい。

冷や麦はかつてそば屋などにはあった。麺が氷水に浮いていた。赤と青の色つき冷や麦が今でも目に浮かぶ。だが素麺を外で食べるのは難しい。老人ホームでもめったに出ない。〈にゅうめん〉でもいいからと希望を出したおかげで、たまには出ることもある。ただ、にゅうめんを知らない人は意外に多い。ここの入居者は関東の人が多いせいだろうか?

にゅうめんは煮麺とも入麺とも書くという説があるが、はっきりしない。要するに温かい素麺のことである。奈良の郷土料理という説もあり、どうやら関西で好まれるようで、関東ではあまり知られていないらしい。東北には〈うーめん〉というものもあり、こちらは温麺とも書くという。私の友人で、私がにゅうめんといっても、うーめんと返す人がいたが、彼女は同じようなものをイメージしていたのだと思う。彼女は東京の人だったが、母親の出身地は山梨の方だった。

私はにゅうめんも好きで、秋風が吹きはじめると無性に食べたくなり、夫にも強引に食べさせていた。関東育ちの夫にとっては食べ慣れないものだったようだが、美味しいから文句をいうというほどではなかった。昼間いない子どもたちには、お昼の残りの素麺と、やはり残ったかき揚げなどといっしょにして、にゅうめんとして夕食のお汁代わりに出すことがあったが文句は出なかった。

もうひとつ、私独自のにゅうめんがある。タマネギと人参、油揚げ、生椎茸をちょっと炒めて素麺のつゆで野菜が柔らかくなる程度に煮込み、卵でとじる。火を止めて、茹でて水に晒した素麺を入れる。それでおしまい。初秋にふさわしく、熱からず、冷たからずという食べやすいにゅうめんのできあがりである。食べ物だけでなく、お風呂も熱いのが好きな夫には物足りなかったかもしれない。もっとも、このにゅうめん、初秋限定である。いずれにせよ、にゅうめんはパンチの利かない食べ物である。それが気に入らないという人もいるだろう。だが、私は香辛料や熱さ、冷たさに頼らない、生ぬるくても美味しいものこそ本当の美味しさだと強引に信じているのである。

奈良の山の辺の道を友人たちと歩いていて、大神《おおみわ》神社まできたら、境内ににゅうめんを供するところがあった。三輪素麺の地元だから不思議はない。例の友人はあいかわらず、うーめんといっていた。

七月の私の誕生日には二人の息子の家で交代で誕生会を開いてくれるが、私の希望で素麺を食べさせてもらっている。素麺だけではご馳走にならないというので、できるだけ手間をかけないようにと、お寿司をとってもらっている。ホームではちらし寿司は出るが、握り寿司は出ないので、これも有難い。それと、ウインナソーセージ。これは出ないわけではないが、茹でただけのソーセージをかぶりつくというわけにはいかないのでこれも、特注。そして、これまた、なんで？　と言われそうなのが、生トマトである。ホームでトマトが出ないわけではない。だが、完全な生トマトはなかなか出ないのだ。理由はわかっている。老人向けには皮をむく。だが、大量になるので、湯むきをすることになる。そして、大量ゆえに、その工程で半煮えになってしまうのである。ときにまともな生トマトが出ることがあると、「へえ、できるじゃない！」と感心するが、こういうことはめったにない。

さて、素麺にもどれば、昨春、家族で奥能登に旅行した時、途中、輪島でそば屋に入った。なんと、メニューに〈ザルソウメン〉とあった。うれしくなってさっそく注文した。地方都市のせいか、盛りはよかった。おかげで堪能した。能登は関西圏なのだろう。

ところで、この奥能登の旅の目的は、重要文化財として保護されている、時國家《ときくにけ》を訪ねることだった。長男の大学の同級生の一人が日本史専攻で、彼が日本史家の網野善彦氏の調査に加わっていて、その時、時國家の襖《ふすま》の下張りから貴重な資料が見つかったというニュースが新聞で報じられていた。そういう身近な関心から出発したことではあったが、後に文庫本にも収められる網野氏の「百姓は農民ではない」(『日本の歴史をよみなおす（全）』筑摩書房・二〇〇五年）という主張に大いに惹かれた。百姓という定義には農民だけでなく、商人も猟師も漁師も含まれているというのである。これには説得力があった。

私は、イタリアの昔話を翻訳することがあるが、読者が子どもであることが多いため、農民のことをつい「お百姓」と訳しがちであった。「農民」や「農夫」という言葉は子ども向きには固いと感じていたのだ。これからはどうしたらいいだろう。翻訳もなかなか難しい。

能登の時國家、かつては広い農地を所有する豪農であり、北前船を何艘も所有する豪商でもあったことはうかがえるにしても、今は私たちの前には観光施設でしかないのだが、この時國家が思いがけないことでつながった。研究会仲間のKさんに、この旅行の話をしたところ、なんと、彼女の姻戚の方が、時國家に嫁いでいるというのであった。世間が狭いのか、こちらの世間が広がったのか？

おでん・田楽●おでんの科学

津にいたころ、関東煮というものを食べたことがある。当時、勤めていた会社の社員食堂でのことである。大根や練り物を大きく切って醤油味で煮込んであった。その時、「これは関東ではおでんという」のだと聞いた。味が濃過ぎて、美味しいとは思えなかったが、この二つの料理名は妙に頭に残った。

わが家ではおでんは食べなかったが、田楽は食べた。東京に出てきてから知ることになる、おでんという名は田楽から来ているくらいのことは推察された。わが家の田楽は味噌田楽であった。普段味噌汁にも使っていた黒い味噌を出し汁でゆるめて、少し甘くしてあり、その味噌を囲むように、鍋の縁に串に刺したコンニャクと、里芋が並べてあった。大根や焼き豆腐もあったかもしれないが。記憶に残っているのは、里芋とコンニャクである。黒味噌は田楽には合うと感じていたが、自分で作ったことはなかった。東京では黒味噌が身近になかったからだろう。

東京に出てきて間もない頃、屋台のおでんを食べる機会があった。その頃の屋台のおでんは、そこそこ醤油が効いていて、出し汁は真っ白ではなかった。その後、おでんの汁はどんどん白くなっていったような気がする。団地のお祭りのおでんも例外ではない。白いおでんは美味しそうには見えなかった。ここの老人ホームのおでんも白い。料理長は関西風の上品な味付けをめざしているとか。ここでは、里芋の煮っ転がしまで白い。うどんは白っぽい汁がいいと思うのに、おでんや煮物は白過ぎては魅力がない。勝手なものである。

結婚して東京で暮らす頃には、もう、田楽は遠いものになっていた。旅先で串に刺した田楽に出会って思い出すくらいであった。

一方、自分でおでんを作る頃には、私なりのおでん像ができていた。出し汁は、たっぷりの削り節。昆布はそのまま煮込んでおでんの具にした。味は塩と醤油にみりんか砂糖を隠し味程度に入れた。主な具は大根にコンニャク、各種さつま揚げ、そしてはんぺんに芋である。はんぺんは煮込まないで最後に温めるだけにした。関東のはんぺんはすぐにぺしゃんこになってしまうからである。芋ではもめた。私は当然、里芋だと思っていた。ところが、夫はジャガ芋だと譲らない。里芋は昔のような美味しいのになかなか出会わなかったので、ここは譲歩した。だが、そのジャガ芋が難しかった。じっくり煮込んで味をしみ込ませたいと思っても、簡単に煮崩れした。男爵よりメークイーンの方が煮崩れしないかと思ったが、男爵のほくほく感は捨て難かった。

あるとき、新聞記事に〈煮崩れしない〉おでんの作り方というのを見つけた。これは目からうろこであった。

火にかけて煮立ってから五分くらいしたら火から下ろして、熱が逃げないように何枚もの新聞紙やタオルや毛布などでしっかり包む。数時間たてばジャガ芋も大根も昆布も充分柔らかくなって味がしみ込む。昼食の後に仕込んでおけば、夕食にはできあがっている。さつま揚げやはんぺんなど煮過ぎない方がよいものは、食べる直前に火にかけてさっと煮る。これだけでよいのである。柔らかくなって味がしみ込む適温が保たれればよいのであった。

こうしてできあがったおでんのジャガ芋は、煮崩れすることもなく、味もしっかりしみ込んで美味しくなった。科学はこういう身近なところに応用されるべきなのだと感じ入った。

甲斐のほうとう●懐かしい味です

私が初めてほうとうに出会ったのは、二十世紀の終わり頃、昔話のフィールドワークで山梨県の下部《しもべ》町の民宿に滞在していた時であった。合宿の最後のお昼にほうとうが出た。柔らかい味噌味で、麺は平たいきしめん風だった。具は野菜や肉など、いろいろ入っていたが、カボチャが特徴だとわかった。懐かしい味がした。わが家でも煮込みうどんはよく作ったが、カボチャは使ったことがなかったし、味噌も入れたことはなかった。津の味噌は黒くてしつこかったから、お雑煮や雑炊には使ってもうどんに使ったことはなかったのだ。名古屋の味噌煮込みうどんを食べたことがあるが、やはり黒い味噌だったから、ちょっとしつこくてあまり使う気になれなかった。

甲斐のほうとうは黒味噌ではなかった。信州味噌だったと思う。

何年か経って、スーパーでほうとうセットを見かけるようになった。平たい麺と、味を調整した味噌が入っていた。カボチャをはじめとする野菜や肉は好きなものを入れた。夫にも好評だったので、度々作っていた。若い頃なら、味も自分で調整したことだろうが、夫と二人の昼食の多少の手抜きには抵抗はなくなっていた。

それから二十年以上経って、ちょっと忘れかけた頃、毎年、年越しのために滞在する河口湖畔のホテルの帰りに忍野八海《おしのはっかい》に寄った折り、昼食のために寄った店でほうとうがあるのを見つけた。そういえばそのあたりは山梨県であった。私がほうとうを注文すると、息子たちも右へならえをした。珍味というわけでもないが、懐かしい味だと思ってくれたようだ。

おにぎりと中華そば●塩分の話1

元気な頃、研究会に出席するために、当時住んでいた座間から月に二度ほど都内まで出かけていた。ときには昼食持参のこともあった。お弁当を作っていくこともあったが、デパ地下（デパートの地下食品売り場）でお弁当を買ったり、コンビニのおにぎりを買ったりもしていた。初めて買ってみたコンビニのおにぎりはなかなか美味しかった。

おにぎりの味の決め手は塩味である。

おにぎりといえば、三角形だと思い込んでいた。子どもの頃から、三角のおにぎりを握るのが面白くて、兄といっしょに楽しんでいた。ところが、学校で遠足に行くようになって、おにぎりには、丸いのや俵形のものがあることを知った。試しに丸形を作ろうとしたが、どういうわけか、普通に握ると三角になってしまう。子どもの時からの癖になってしまったようだ。反対に、どうしても三角に握れないという人もいる。

話は変わるが、入院したことのある人は経験済みだろう。血圧が高ければ、すぐ塩分は制限される。

十年前、骨折で初めて救急車に乗った時のこと。救急車の中ですぐ血圧が測られた。「いくつですか?」ときくと、「聞いたらもっと上がるから知らない方がいい」と言われてしまった。でも、受け入れ先が決まると、救急隊員はためらうこともなく、電話で先方の質問に答えて「血圧は二百」とばらしてしまった。「ひえーっ」と思わず悲鳴をあげてしまった。それまで百三十を越えたことはなく、「血圧は優等生」と家庭医にほめられていたのに。

そういうわけで、私はお産以来、初めて入院することになり、ＭＲＩの診断で〈第四腰椎の圧迫骨折〉の患者となり、六週間の入院生活を送ることになった。その後血圧は下がったものの、完全には下がりきらず、やや高めに推移していた。そうなると、病院では当然減塩食である。薄味のおかずに参っていると、「おにぎりにしてもいいですよ」と言われてとびついた。ところが、そのおにぎりには塩味がなかった。これでは握らない方がましだった。塩味のおにぎりが恋しかった。

　時が経ち、今の老人ホームの中でまた骨折して入院した。やはり、救急車で運ばれた時は夜になっていたから、その日の夕食は自前で調達しなければならなかった。付き添ってきてくれたホームの職員がコンビニでおにぎりとバナナとジュースを買ってきてくれた。喜んで、おにぎりにかぶりついた。ところが、そのおにぎりは塩からかった。多分、コンビニの味が変わったのではない。私が老人ホームで薄味に慣れていたのだった。これは悪いことではなかった。病院でも塩分過多が身体に良くないことはたたき込まれていた。だが、こうなると、世間一般が薄味好みに変わってくれない限り、〈美味しいコンビニのおにぎり〉は幻のままだろう。残念ながら今、自分で握れる環境にはない。

　塩分といえば、ラーメンやタンメンにも問題がある。

　まだ元気な頃、府中のカトリック教会まで、イタリア人の神父さんに会話を習いに行っていたことがあった。八十歳近い神父さんは親切な方ではあったが、私は信者でもないのに、誘われて行ったとはいえ、少々気後れしていた。そこで、思い切って、

「信者になることをすすめないのですか？」

と、きいてみた。すると、

「自分から申し出る人にしかすすめません」

という答えが返ってきた。さすが、老舗のカトリックだと、感心するとともに、安心したもの

であった。さる新興宗教の強引な勧誘に、身の危険さえ感じたことがあったのだ。

ところで、ラーメンである。レッスンの帰りにいつも寄る小さな店のラーメンが大変美味しかった。その後、その味を求めて度々トライしてみたが、なかなか満足のいくラーメンには出会えなかった。

老人ホームで麺類が出ないわけではないが、さすがに、今のところラーメンやタンメンは出ない。最近、外食しても、なかなか好みにぴったりというのに出会えない。今までもそうなのだから、舌が薄味に慣れてしまった今はなおさら難しいだろう。いくら、つゆは残すといっても、口当たりがしょっぱい。でも、タンメンなら望みはありそうだった。ある日、病院に行った折り、企みをもって店に入った。《幸楽苑》というチェーン店は適当に混み合っていた。

運ばれてきたタンメンのスープを一口すすり、塩分と熱さを確かめてから、お水を一杯頼んだ。お水が来ると、従業員の目がよそに向いていることを確認して、すばやく、コップの水を半分ほど、ジャーとどんぶりに空けた。ちょっとかき回して飲んでみる。「フムフム、ちょうどよし」。野菜に絡みつくスープの味もよし、熱くもなし、ぬるくもなし。「余は満足じゃ」というわけであった。それでも、もちろん、つゆを飲み干すということはない。ラーメンはタンメンよりさらに塩辛い。コップの水では足りそうもない。

そういうわけで、私は老人ホームのおかげで薄味に慣れた。ところが、ここでも、男女の違いは顕著である。概して女性は薄味に慣れようとしているが、男性はわざわざ佃煮など塩辛いものを自分で買ってきて食べる人が多い。塩焼きの魚にも、味もみないで醤油をかけるのは男性だ。これではいつまでたっても薄味に慣れることはできない。男女の寿命の差はこういうところにも現れているような気がする。

ちらし寿司●文句なく和食

寿司屋のちらし寿司は酢飯の上に刺し身をはじめとする数種類の具を飾った独特のスタイルで全国統一されているらしい。全国隈無く食べ歩いたわけではないが……。

だが家庭のちらし寿司は、このスタイルではない。わが家だけのことかと疑ったこともあったが、老人ホームのちらし寿司もわが家と同じである。つまり、酢飯にカンピョウ、人参、蓮《れん》根《こん》、椎茸などの具を混ぜて、錦糸卵、酢バス、海老、海苔などを飾る。これをバラ寿司という地方もあるようだ。

ホームの昼食の献立は、毎月七日を寿司の日、十七日を天ぷらの日、二十七日を刺し身の日としている。これらは代表的な和食であり、ちょっとご馳走感はある。これを嫌いだと言う人は少ないだろう。煮物や、和え物も和食には違いないが、これらをご馳走だと思っている人は少ないだろう。

ただし、この感覚は今の若者や子どもたちとはちょっとずれているかもしれない。これからはおそらく洋食が増えるだろう。例えば人々の好みも、カレーライス、ハンバーグ、ビーフステーキといった洋食が上位にくるのではないか？　それでも、寿司、天ぷら、刺し身を嫌いだというわけでもないだろう。微妙に好みが変わってきているということだろう。どの辺に落ち着くか、あるいは和食に回帰することもありうるか。いや、日本人はこれからも、どちらも手放したりしないだろう。食べ物だけでなく、衣も住も、和洋、どちらも、あえて手放したりはしないだろう。それが日本の文化になってしまっているのだから。

ちなみに私は、ちらし寿司とカレーライスは同じくらい好きだが、刺し身はだいぶランクが下がる。ハンバーグやビーフステーキはさらに下位につけ、スパゲッティ、チャーハンそれに各種ヤキソバが上位に上がってくる。どうやら、私こそが、和洋中華混食の申し子なのかもしれない。

人参●百歳の抵抗

子どもの好き嫌いの筆頭に挙げられるのは、人参かもしれない。とくに昔の人参は今の三寸人参と違って、癖が強かった。かくいう私も、あの臭いが苦手だった。

三寸人参は昔、西洋人参ともいったが、それまでの赤くて細長い日本人参と違って、色も薄いオレンジ色で、見るからにアクが抜けたような感じである。最初からこの人参だけだったら、人参のイメージは違っていたかもしれないが、とくにわれわれの世代は、人参は臭いものだという思い込みが強かった。

ところで、ビフテキとかハンバーグとか、ファミレスの定番の洋食には、必ずといってもいいほど、付け合わせに、インゲンとポテトと、それに人参が付いていた（多分、今も?）。ポテトはベイクドポテト、インゲンはバターソテー、そして、人参はキャーロットグラッセと呼ばれる、艶煮が定番である。キャーロットグラッセは本格的に調理すれば、なかなか美味しいものであるが、日本ではなかなか本格的なものにお目にかからない。そんなに難しい料理ではないが、ファミレスのキャーロットグラッセにはバターが使われていないような気がする。バターが高価でコレステロールも高いという思い込みがあってのことか。

この老人ホームでも、人参の付け合わせがよく出るが、ほとんど、ただの人参の甘煮で、バターは使われない。値段の問題なのか。パンにもマーガリンが普通である。だが、人参にマーガリンではかえって癖が強くなる。

ホームでは結局バターもマーガリンも使わないことになったのだろう。好き嫌いのない人は、それでも，甘くて美味しいと喜んでいるが、人参が嫌いな人はごまかせない。

前にも紹介したが、このホームに今年百四歳になる女性がいる。立派なお婆ちゃんだが、ここではみんなお爺ちゃんとお婆ちゃんだから、あえてお婆ちゃんとは言わない。Ｉさんと言おう。

百歳を越えたIさんは筋金入りの人参嫌いである。どんなに細かく刻んであっても、一つ一つ丁寧にほじくり出している。厨房でもそれは承知で人参ははじめから取り出して供しているのだが、それでも目を皿のようにして、どんな小さなかけらも見逃さないで取り出す。その執念には脱帽だ。

好き嫌いというのは理屈ではないから、どんなに、身体にいいからといっても、無意味である。細かくて臭いも味もしなくても、人参は臭いものだという思い込みには勝てないのだろう。Iさんは、ほかにも嫌いなものがあるのだが、百歳を越えたのだから、今さら、身体のために好き嫌いをなくしましょう、などと若輩が言えるわけがない。

ところで、人参料理については思いがけない記事に出会った。「週刊朝日」の記事である(二〇一七・三・二十四号「最新データでみる 食の県民性」)。沖縄の那覇で人参シリシリという料理が好まれていて、おかげで人参の消費量が日本一だというのである。その料理というのが料理ともいえないような簡単なもので、子どもたちが食べやすいようにと私が考えてしばしば作っていたものとほぼ同じなのであった。

人参を細い短冊に切って炒め、砂糖と醤油できんぴらのように味付けして卵でとじる。それだけである。人参の赤に卵の黄色が絡んで、見た目にも美しい。この料理を息子たちがまだ子どもだった時、遊びに来ていた兄の子どもにも食べさせたことがあった。その時いっしょにいた兄嫁が、自分のレパートリーに取り入れていたことを知って驚いた。兄嫁は自他共に認める誇り高いきんぴらの名手で、こんな料理ともいえないものを認めたことがまったく意外だったのだ。そして、今回の沖縄の記事である。ナンジャラホイというのはこのことである。最近、大型スーパーでシリシリという器具に出会った。野菜を千六本に切る器具である。どうやらこの器具が人参シリシリが流行る原因器具らしい。私が主婦を引退して十年しか経たないというのに、世の中早く回り過ぎる。

台所の変遷2●新所帯・二Kの団地から

夫は新しい所帯をもつために住宅公団や住宅供給公社に申し込みを続け、八回目の抽選でやっと板橋区の住宅に当たったのち、私を迎えた。六畳と四畳半に台所とトイレ、それに風呂場がついていた。当時は六畳一間のアパートから新生活をはじめるのが一般的だったから幸運の部類に入るだろう。

流しは人造石、ガス台には独立した鉄製のこんろが二台置いてあった。調理台や食器棚は無いに等しく、あらたに食器棚を買って座敷に置いた。風呂桶も各自が購入した。洗濯機はベランダに置くしかなかった。はじめのうち冷蔵庫が買えなくて、代わりに氷を入れたジャーを使った。

五年後に夫の実家に移り、二年後に再び東京に出てきた時は、夫の実家に戻っていたという事情が考慮され、世田谷区の住宅供給公社の同じ規模の家に入ることができた。ほぼ同じ間取りではあったが、流し台はステンレスになっていた。

さらに、五年後、少し広い三ＤＫに移ることができた。横浜の緑区の大規模団地だった。倍率こそ低くなっていたが、やはり抽選であった。今度は分譲を買った。

流しも調理台もステンレスではあったが、ガス台は二口のものを各自が持ち込んだ。六畳の広さのダイニングキッチンの片隅にライティングデスクを入れて、私の書斎コーナーとした。夫には四畳半を書斎に当てた。浴槽は作り付けになっていて、タイルが貼ってあったが、壁も天井もすぐにカビが生えてきた。四階建ての最上階で、断熱効果が良くなくて、夏は暑く、我慢できずに初めてクーラーを入れた。

横浜に五年居る間に夫の蔵書は増える一方で、また引っ越しをやむなくされた。引っ越し先は座間ハイツである。今度は四ＬＤＫと広くなった。システムキッチンはＬ字型で収納部分も格段に増えた。風呂場も少し広くなり、風呂桶は取り外し可能な、硬化プラスティック。なにより、天井や壁にカビが生えなくなってありがたかった。

座間市へという一種の都落ちであったが、意外と便利であった。都心に出るのに小田急線一本ですみ、通勤時間がのびたわけではなさそうであった。さらに、思いがけない利点があった。座間市は当時人口十万そこそこ、小さな市に、市役所も図書館もまとまっていて便利なのだ。それまで住んでいた横浜の緑区には図書館もないし、区役所まで行くのに、バスを乗り継いで行かなければならなかった。自治体は図体が大きければよいというものではないのだ。今はまた、横浜に住んでいるが、さすがに図書館は各区にあるようだ。もっとも、総合庁舎とか、区民会館とかいう施設に入っていて、独立した図書館ではない。しかも、各区は座間市のようにこぢんまりとはしてない。歩いて行くというわけにはいかない。

座間ハイツは十四階建て、民間の高層マンション団地で、住戸は約一千戸、自治会も管理組合もしっかりしており、住民の自主的な活動も活発だった。私はここで、市の社会教育長の肝いりで、地域の子ども文庫を立ち上げ、市の図書館とも協力して活動することができたが、残念ながら道半ばで病のために入院、そして車椅子生活となって老人ホームに入居した。座間の文庫はその後子ども人口の減少のため停滞することになる。

余談が過ぎたが、座間ハイツのキッチンに戻る。L字型のシステムキッチンが配備された、約十七畳のリビング・ダイニングキッチンであったが、わが家ではなにより本棚の確保が重要となっていたので、天井まで仕切って、その仕切りのダイニング側を食器戸棚、リビング側を本棚にした。夫の書斎には六畳を当てたが、ほかにリビングの壁もテレビを置くスペース以外はすべて本棚、しかも当時売り出されていた二重、三重式の本棚も活用して凌いだ。さらに定年後大学の研究室の本を引き取ることになって、とうとう、同じ棟内にもう一戸、三ＬＤＫを買うはめになった。私の居場所は、息子たちが巣立つまで、相変わらずキッチンの隅のライティングデスクであった。

約二十年後、キッチンのあちこちに傷みが目立つようになり、もう少し使い勝手をよくしたくなって、思い切ってリフォームした。その際、とくに気を配ったのは、ゴミの処理であった。何年かの間に自治体のゴミ処理の方法も進化したようで、それに応じて、分別方法も変化していた。いくつかのゴミ箱を整理して人目から隠すべく、車をつけた台にセットしてシステムキッチンに組み込み、出し入れしやすいようにした。何年か前からゴミ出しは夫の仕事だった。料理も後片づけも苦手な夫が、この仕事には熱心に取り組んでいたので、より便利にと工夫したのだ。夫はゴミ出しの前夜は、家中の屑箱を点検し、市の決めごとに忠実に分別し、当日は朝早くゴミ置き場へと持って行った。ゴミ出しの顔なじみもできたようだった。おかげで私はゴミ出しのルールに疎くなり、夫が家を空ける日はあたふたすることになった。

三章　海外体験　外への視線

パリのマックとミラノのメロン●ヨーロッパは遠い

一九八〇年、長男が大学二年、次男が中学二年になった夏休み、イタリアとフランスに家族で旅行することになった。

「十年経ったら家族でイタリアに行こうね」と、とくに当てがあったわけでなく、言っていたことが実現することになったのだった。

この旅行に対する長男の期待は大きかったが、当時ギリシアに興味を持ちはじめていた次男は「ギリシアの方がいい」と醒めていた。三週間の予定で、日程的にギリシアまでは無理だったので、パリとイタリアだけに絞った。

当時は直行便がなかったから、ヨーロッパに行くために、韓国とアラスカなどで乗り換えなくてはならず、最初の目的地パリに着いたときは、全員かなりくたびれていた。当時はまだドゴール空港はなくて、オルリー空港だったが、空港のレストランで食べたスパゲッティが胃の腑に落ち着かず、やっとの思いでホテルに着いた。

夕方になり食欲はなかったが、とにかく少しは食べた方がいいということになって町に出ることにした。長男はかなり参っていたらしく、食べたくないと言って、ホテルに残った。日本食の店がないかと探すうち、パンテオンの近くにごく庶民的な日本食堂が見つかり、ほっとして入った。《京子》といったが、まもなく店は畳まれたと聞いた。

長男になにか買って行こうかと思って歩いていると、マクドナルドの派手な看板が目に入った。妙に懐かしくて、ハンバーガーを長男のために一個だけ買って帰った。長男はなんとか食べていた。

ハンバーガーは、若い者にはもう日本食になっているのかと感じ入った。じつは私はハンバーガーを買って食べたことがない。コマーシャルを見ていて、どんな大きな口を開けてかぶりつくのかと思って見ていただけだ。ただ、自分でもっと薄いのを作って食べてみたことはある。バーガー用の丸いパンを買ってきて、ハンバーグを薄く焼き、チーズとトマトとレタスを挟んだ。サンドイッチの方が美味しいというのが感想だった。

ルーブル美術館、エッフェル塔、それにヴェルサイユ宮殿を観光した後、三日後には夜行列車でミラノに向かった。パリには帰りにも寄る予定だった。

この旅の移動にはすべてユーレイルパスを使った。フルに使えば一等車でもけっして高くはなかった。

同じコンパートメントに乗り合わせた日本人の若者に夫はさっそく話しかけた。長男も会話に巻き込もうという魂胆は見えたが長男は全然乗ってこない。ぶすっとしている。その後も長男はずっと不機嫌だった。あんなに旅を楽しみにしていたのに。でも、そのわけは見当がついた。

パリで出会う日本人の学生はたいてい一人旅で、大きなザックを背負い、時には駅の構内で野宿している者もいた。旅先で出会ったというカップルもいた。

そういう若者に比べて、自分はなんてふがいないのだろう、親がかりで、費用だけでなく、プランさえ母親まかせだ。機嫌が悪くなって当然だ。自分で気がついてくれてよかった。長男は帰国すると、一念発起したかフランス語を学ぶためにアテネフランセだか、フランス文化会館だかに通い始めた。家庭教師や予備校のバイトも始め、もう、親にはお金の相談もしなかった。そして、二年後の春休みにはさっさと一人でパリに旅立った。薬は充分効いたということだ。ともあれ、パリは気に入ったらしく、結局フランス現代史を生涯のテーマに選び、修士課程を終える頃にはフランス政府給費生となってパリに留学した。私は、「日本人としての視点を忘れないように」とだけ、釘を刺した。生意気な母親ではあったが、これは私が自分に向かって言うことでもあった。

家族旅行に話を戻す。長男が不機嫌になるのと反対に、中学生の次男はどんどん元気になっていった。パリでもイタリアでもギリシアに出会えるとわかったらしい。積極的に地図を読み、率先して歩き回るようになった。父親に助言さえしていた。ルーブル美術館には二度も入った。美術館の入り口を入った突き当たりにドンと控えている頭部の欠けた巨大な勝利の女神像〈サモトラケのニケ〉を私が知らなかったといって馬鹿にし、さらに、ヴァチカン美術館ではラオコーン像のことを知らなかったといってまた馬鹿にし、ポンペイ遺跡を、案内書片手にひとりで走り回っていた。こちらも親離れしてくれたということだ。思わぬ収穫だった。負うた子に教えられるというのも悪い気分ではない。

少し話を戻す。

朝、列車でミラノに着いて、前もって手紙を出してあったフランカさんに電話した。フランカさんは東京でイタリア語の教師をしていた女性で、私は会話やイタリア語の作文を習っていた。さらに、グループでのレッスンもお願いしていた。お父様が病気になって帰国すると決まったときにはわが家にグループのみんなと来てもらったことがあった。お寿司をとったが、手製のサラダや茶わん蒸しを喜んでくれた。帰国後も文通は続けていて、今回の旅行ではミラノの宿も紹介してもらった。ホテルではなくペンションであったが、こぢんまりとして心地よかった。朝食に軽く温めてくれたバゲットが美味しかった。

ミラノに着いた夜には、彼女のアパートに案内された。中庭のある大きな八階建ての建物だった。イタリアでは、ローマ時代から、都市ではこういう中庭のある建物が主流だったらしい。外観は建物同士がくっついていて都市の景観を成しているが、風も光も中庭から採ることができるようになっている。この様式は、その後ヨーロッパのどの都市でも当たり前のようになっているらしい。

四人とも、あまり食欲がなかったので、ちゃんとした夕食は遠慮したところ、イタリア名物〈生ハムとメロン〉を出してくださった。日本でも、前菜としてメロンと生ハムの取り合わせはよく知られているが、こんなに美味しいのは初めてだった。そもそも日本とはメロンが違う。ラグビーボールのような形の淡いオレンジ色をしたメロンだ。中身は夕張メロンのように濃いオレンジ色である。図々しくも、家族揃ってこれを何度もお代わりした。生き返る思いだった。日本の事情に通じていて、しかも敬虔なカトリック信者の彼女だったから許されたわがままだったのだろう。その後、イタリアで何度かメロン&ハムは食べたが、あれほど美味しいのには出合わなかった。味覚は状況に左右されるということがよくわかった。

フィレンツェ風ビフテキ●ドギモを抜かれる

一九九〇年から一年間、夫のサバティカル休暇に合わせて、夫婦でイタリアのフィレンツェで研究生活を送った。長男はその一年前からフランスのパリに留学していたし、次男は大学を卒業して東京で就職していた。その次男がある日、夜中に（時差など気にしなかったのか、計算違いしたのか）電話をかけてきて、いきなり、

「結婚します」と言った。思わず、

「だれと？」と当然の質問をすると、彼は以前から付き合っていたらしい大学の同級生の名を言った。付き合っているという報告はなかったが、うすうすは知っていたし、反対する理由もなかった。

それで次に私の口から出たのは、

「派手な披露宴でもしたいの？　お金はないけど」であった。熟睡しているところを起こされて、こちらも、少々おかしくなっていたかもしれなかった。だが、二人はまだ二十四歳、本人たちに蓄えなどなかっただろうし、親の方にもなかった。自分たちの経験に照らして、結婚式の費用くらい自分で用意しろ、というのが親の考えだった。次男の答えは、

「そんなつもりはない。式もしない」

さすがに、私もこの常識外れのやり取りに気がついて、

「あんたはよくても、相手が式を挙げたがっていたら、無視してはだめだよ」と言うと、

「彼女の方が、派手なことはやりたがらないんだ」

「それならいいけど。でも、われわれが帰るまで待っていなさいよ」

そこで、電話は切れた。

その彼女のことは、ときどき家の前の駐車場まで連れて来ているのは知っていた。どうして家に上げて挨拶くらいさせないのか、ただのガールフレンドなのかと思って気にしないことにしていた。

だが、じつは結婚する気になっていたのだ。家のそばまで来ていたというのに、どうして紹介しなかったのか、さすがに不審になって、帰国後、次男に問いただした。なんと、その答えは、

「恥ずかしいから」だった。そんな、親にも紹介できないような娘と結婚しようと言うのか！とさすがに気色ばむと、なんと、彼女を親に紹介するのが恥ずかしいのではなく、彼女に親を紹介するのが恥ずかしいのだと言う。

「お母さんは愛想がないし、お父さんは愛想はよいけど、ピントがずれているし」という。要するに、よそのお母さんに比べて友人を愛想よくあしらえないことを恥ずかしく思っていたらしい。中学生の時、

「Y君のお母さんは、愛想がよくて、みんなで行くと、お酒まで出してくれる」と言ったことがあった。

「まさか！」中学生にお酒を出すお母さんといっしょにしてもらっても困る。

おまけに、息子のところにかかってくる電話への私の応対がそっけなくて、しかもドスの利

いた低音だったから、友人の間では「剣持のお母さんはおっかないぞ～」ということになっていたらしい。この電話での低い声での応対を、「変に甲高くなくて、すてき」と言ってくれる女友だちもいないわけではないが、まあ、それはお世辞だろう。

それはともかく、その年の暮れには、年末年始の休みを利用して、フィレンツェに来ると言う。彼女A子の方は同じ大学の友人との旅行を兼ねていて、フィレンツェには挨拶に寄るだけだと言う。

日本から来る友人をときどき連れて行っていた、駅近くのレストランでささやかな宴をもつことにした。そのレストランはよく日本人が利用するということで、日本人には慣れていて、安心して連れて行くことができた。

日本人の特徴は、まず食べる量が少ないことである。

フィレンツェの名物はビステッカ・フィオレンティーナ、つまりフィレンツェ風ビフテキであるが、その大きさが半端ではない。だが、フィレンツェの人は、三百グラム以上はありそうな、血の滴るような骨付きの肉をけろっと一人で食べる。一人でやってきた初老のご婦人が、そのビステッカを平らげるのを、日本人は怖いものでも見るように眺め、自分たちはやっと三、四人で分けて食べるのであった。店ではそういうことは重々承知で、日本人と見ると、頼まなくても、ちゃんと人数分に切り分けてくれるのであった。そういうことに慣れていない店では、納得させるのが難しいのだ。以前の家族旅行の折り、ナポリで魚料理を店主にすすめられたことがあった。大きかったので、四人で一匹、譲歩しても二人で一匹と交渉したが、どうしても認められなくて困ったことがあった。

ということで、その夜、いつものその店に六人で出かけた。パリから年を越しに来ていた長男も交えて、家族四人がそろい、席に着いた。こちら側には、夫を中心に私と長男が、向かい側にはA子を中心に、両側に次男とA子の友人というわけだった。つまり、私の前には次男、長男の前にはA子の友人が座ったというわけだった。私は初対面の挨拶を受けた時にしっかり特徴を認識していたし、それまでも、まだ二人が学生だった時の旅行の写真を見ていただけだったが、顔立ちの特徴は覚えていたから間違うことはなかった。ところが、長男は写真で彼女の髪が短かったことだけを記憶していたらしい。そのとき、フィレンツェに来たA子は髪を伸ばしていて、友人の方は短くしていた。それだけのことで、長男は自分の前に座ったのが、弟のフィアンセだと思い込んだのだった。

食事の間中、長男はA子の友人にしきりに話しかけている。もしかして気があるのではないかと疑ったくらいだった。あとで思い違いに気がつくと、長男は、「精一杯サービス精神を発揮したのに」と憮然とするのだった。

フィレンツェのパン●フィレンツェ式朝食

フィレンツェのパンには塩味がない。それがわかった時は驚いた。旅行でホテルに泊まっていた時には気がつかないことだった。ホテルはフィレンツェ式ではなく、コンチネンタル方式だったからだ。

フィレンツェ在住の友人に言わせると、料理といっしょに食べるパンは、最後にお皿のソースをさらうから味をつけてないのだそうだ。でも、例えば、朝食ならどうするのだろう。

フィレンツェのテレビではしきりにお菓子のコマーシャルを流していた。お菓子といってもケーキの類いではない。クッキーやビスケット、それに、もう少し工夫のあるものである。種類はいろいろ、結構賑やかであった。はじめのうち、どうしてこんなにお菓子のコマーシャルが多いのか腑に落ちなかった。だが、あるとき、はっとわかったのであった。これはフィレンツェの人たちの朝食なのだ！　なるほどそう思って見ると、納得できる。塩気のないパンは朝食向きではない。そういえば、フィレンツェの勤め人は、朝はコーヒーだけ飲んで、出勤途中のバールで朝食をすましているらしいことはうすうす感じていた。バールには菓子パンらしいものがいろいろある。あのコマーシャルのお菓子は家で食べる人の朝食だったのだ。

わが家では、フィレンツェにいながら、朝はご飯を炊いて、味噌汁も作っていたからピンとこなかったのだ。

クリスマスが近くなると、テレビのコマーシャルでは、パネトーネやパンドーロの名が聞かれるようになった。これらはイタリアのクリスマスケーキだ。この二つは似たような印象があるが、フィレンツェではパネトーネの方が一般的のように見えた。友人に教えられてパネトーネを二個買い、一つはわが家のため、もう一つを元の大家さんへのプレゼントにしたところ、さっそくお返しがきた。同じものをお返しにするなんて、不思議な感覚であったが、クリスマスには、それを贈ったり贈られたりするものだと聞いた。

大きなパネトーネを二つも、二人でいったいどうしたものか。そこで、はたと気がついた。フィレンツェ式に朝食にすればいいのだ！　というわけで、夫の思惑は無視して、しばらく、パネトーネの朝食を続けた。パネトーネは日本のクリスマスケーキと違って、酵母を使ったパン系のケーキである。スポンジケーキより軽くて飽きがこない。

日本に帰るとお中元やお歳暮の習慣が待っていた。じつはイタリア留学を機会に、こういった習慣はおしまいにして欲しいと思っていた。突然、「もうご心配なく」などとお願いするより、一年間の不在をきっかけに自然にやめていただけないものかと期待していた。だが、そうはいかなかった。もちろんおしまいにしてくださった方もあったが、あらたに気をかけてくださる方も出てきたのだ。もう仲人をすることはなかったが、ときどき義理堅い卒業生が現れる。いただくものには、クッキー、サブレの類いが少なくない。とてもおやつでは消化しきれない。そこでまた、はたと気がついた。
朝食にすればいいのだ。
一年間のフィレンツェ生活のもっとも実用的な果実ではあった。

日本のバゲット●塩分の話2

ＪＲ高田馬場駅前、Ｆ１ビルの地下にイタリア料理店《文流》はある。この店をはじめた、そしてたぶん今もオーナーである西村暢夫、敏子夫妻は数十年来の知己である。元々はイタリア図書の輸入業で、今もその書店は近くにあり、私はその店の古くからの客でもある。さらに文流はフィレンツェの語学学校リンガビーバと提携したり、シエナに料理学校を開いて日本から生徒を送ったりと、かなり手広く事業を展開している。私もイタリアに留学する際はお世話になった。

文流のイタリア料理はなかなか美味しい。しばらくご無沙汰しているが、多分、今も美味しいだろう。イタリア語の勉強会をときどき店で開いていた時も、なにかしら一皿は食べることにしていた。そういうときはスパゲッティ・ポモドーロ（トマト）やペスカトーレ（魚介類）、ボンゴレ（アサリ）を食べることが多かった。イタリアではレストランでスパゲッティだけ食べるのはちょっと勇気がいるが、日本では当たり前の顔をして食べられるのがありがたい。

ところで、イタリア料理に限らず、欧風料理にはパンがつきものである。文流では同じF1ビルの一階にあるサンジェルマンのバゲットを使っていた。これが美味しかった。私はここでバゲットに目覚めたのだ。近所のスーパーのバゲットとは一味も二味も違った。今は驚くほどバゲットを売る店が増えているらしい。だが、私はずっとサンジェルマンに操を立てていた。

今、私のいる新横浜の老人ホームの近くに、サンジェルマンの工場ができたのは数年前のことであった。車で二〜三分、歩けば十分ほどのところに大きな白い建物ができていた。いい匂いに惹かれて、息子の車で建物の周りを徐行していたら、門の近くに小さな売店があった。嬉しくなって、バゲットを一本買い、部屋に帰って息子たちと分けて食べた。

ところが、私が長年抱いていたイメージと違ったのであった。塩辛かったのだ。というより、私の方が薄味に慣れてしまっていたのだった。世の中が薄味になるにはどれほど待たなければならないのだろう。

フィレンツェの八百屋さん●柿の食べ方

フィレンツェのアパートの斜め前に小さな八百屋さんがあった。夏のある日、私はつい日本の感覚で、普段着のアッパッパのままサンダルを突っかけて駆け込もうとして凍りついた。店内にはスーツを着込んでハイヒールを履いた年配のおばさんたちが並んでいて、冷たい視線を投げてよこしたのだ。私に気がついた店主はやさしく微笑んで、こっちへおいで、と呼んでくれ、ほうれん草一把しか買わないのに、プレッツェーモロ（イタリアンパセリ）までおまけしてくれた。以後、私は空いている時間を選んで行くようにしたし、そうでないときは、先客があればちゃんと並んで待つようにした。スーツを着て行くことはなかったが、アッパッパでサンダルというのは遠慮した。

とにかく、イタリアのシニョーラ（奥様）はおしゃれである。そして、男性は女性に親切である。

店に並んでいる野菜や果物は、やっぱり日本とは違っていた。さすがにジャガ芋、タマネギ、人参などはさほど違いがなかったが、それらの野菜はもともと外来種であろう。必ずしもヨーロッパが原産ではなくても、多くの場合、ヨーロッパを経由して日本に入ってきたものが多いはずだ。

だが、目新しいものも多かった。まず、巨大なカボチャに驚いた。細長い枕のような、あるいは福禄寿の頭みたいという印象である。その巨大なカボチャを、店では輪切りにして売っていた。カボチャを輪切りにするなんて、もうびっくりだ。不味いと聞いていたので、しばらく手を出さないようにしていたが、一度、ものは試しと、少し買って、甘く煮てみた。どんどん煮詰めてジャム状にしようとしたが、いつまでたってもジャクジャクだった。

その後、北イタリアのマントヴァに旅行した時、庶民的な宿で郷土料理だというカボチャのラビオリに出会った。四角い袋状のパスタの中にカボチャをジャムのように煮詰めたものが入っていた。不味くはなかったが、もう自分で真似する気にはなれなかった。

日本でパプリカと言っている、赤や黄色のピーマン。フィレンツェのそれはもっと大きくてペペローネと言った。これは煮ても炒めても美味しくて重宝した。イタリア料理には欠かせない素材である。茄子も大きい。

トマトは、いわゆるミニトマトではないが、かなり小さいものもあったし、とにかく、不揃いだった。ソース用の細長いトマトもたくさんあり、どちらかというとその方が主流のようだった。イタリアでは何でもトマトで味付けするというイメージがあるが、そのとおり、ソース用の長トマトがたくさん売られていた。日本の若い留学生が、ソース用と知らずに、安いからと長トマトを買ったという話も聞いたが、「まあ、食べて満足できるならいいのではないか」と言っておいた。日本にもその頃からイタリア製の長トマトの缶詰が入ってきて、私もちょくちょく使うようになった。そういうわけで、ケチャップで味付けしていたナポリタンにはしばらくご無沙汰することになった。だが忘れたわけではなかった。あれはあれ、これはこれである。

リンゴは小さく、野性的な味がした。日本のリンゴはたしかに美味しいが、「素朴さを失ってきてはいないか」などと言いながら、私も日本に帰ればつい甘いのを選んでしまう。

イタリアのブドウの皮は柔らかいらしい。皮ごと食べるのだそうだ。そう言われてもなかなか買う気になれなかった。

あるとき、果物屋の主人に、入荷したばかりだというブドウを、「美味しいから食べてみろ」とすすめられ、手に取って皮をむこうとしたら、「だめだ、だめだ、そのまま食べるんだ」と許してくれなかった。それでも、口に含んだ皮が飲み込めなくて、口に残したまま店を出てきた。

最後に柿のことを書く。旧姓（大柿）のせいで無視できない。柿は日本から来たらしく、あちらでもKAKIと表示されていて、紙を整形したパックに四個ずつ納まっていた。おそらく渋柿を渋抜きしたものだろう。柔らか過ぎて皮はむけないから、天辺を切り落として、スプーンで掬《すく》って食べる。初めてこの柿の存在を教えてくれたのは、日本の語学学校のイタリア人の先生だった。先生は本当に美味しそうに、とろけるような顔で、食べる真似をしてくれた。でも、柿はやっぱり柔らか過ぎない方がいい。

友人たちとイタリア旅行●私は添乗員にはなれない

平成になって間もない頃、友人六人でイタリア旅行をした。

この六人は、横浜の団地で生協活動などで知り合い、その後、引っ越しなどで散りぢりになったあとも、年に一回の旅行など、何かにつけて行動を共にすることの多い仲間であった。

脂の乗ったおばちゃんたちではあったが、それぞれが独立心の強い連中だったから、例えば旅行にしても、平等に幹事を務め、だれかにおんぶに抱っこなどということはしなかった。幹事は六年に一度廻ってくる。ある年、私は彼女たちの、
「幹事を三回分に数えてあげるから、イタリアに連れて行って」というたっての願いに応えてイタリア旅行の幹事を引き受けた。

九月後半の十一日間の日程で、四都市をめぐる。宿の手配、航空券の購入、イタリア国内の列車の指定席の予約など、そんなに簡単なことではなかった。行き当たりばったりの気ままな旅ではなかった。決めたホテルに時間どおり着けなかったら、列車に乗り遅れたらと、心配することは山ほどあった。だれもが行動力もあったが、それだけに危うくもあった。旅先では気が緩む。なにしろイタリアなのだ。スリに遭ったという話は数えきれないくらい聞いている。私自身、何度か危ない目に遭っている。だれか一人でもパスポートをなくしたら、予定どおりに帰って来ることはできない。

そんな後始末はすべて私が引き受けなければならないのだから、慎重に、慎重に準備した。出発までの一年間、たびたびミニレターを発行して旅の見どころをアピールするだけでなく、安全な鞄の形から、鞄の持ち方まで指示した。堂々と鞄に手を突っ込んでくるヤカラまでいるのだ。買い物に夢中になっている暢気《のんき》な日本のおばさんなんて、まったくのいいカモなのだ。

その甲斐あってか、取り返しのつかないアクシデントには見舞われなかった。

ただ、一日目にミラノで狭い道から広場に出たところで、Mさんが、

「あーっ」と声をあげたことがあった。

「どうしたの！」

と、一斉にみんなが彼女の方に寄る。

「ポケットに手を突っ込まれた！」

「ポケットに何が入っていたの？」

「ティッシュ」

手を突っ込んだ女は逃げるでもなく、ゆうゆうと歩いて行く。一見してそれとわかるロマ風の女だ。これがイタリアなのだ。とくに、日本人が狙われる。アメリカ人がバッグをだらしなく振り歩いていても狙われない。日本人は金をもっていると思われているらしい。

この件のあと、おかげで一同気が引き締まったようだ。

ところで、この女であるが、こうした人たちのことをイタリアの人たちも、旅行者たちも、ずっとジプシーと呼んでいた。それがロマと呼ばなければならないとなったが、はたして彼女たちが何者なのか、本当にロマなのか、どこかにそういう人たちが集っている場所があるとか、別に悪い人たちではないとか、さまざまに言われるのを聞いた。だが、実際に見られる彼女たちの行為は、けっして同情できるものではなかった。堂々と旅行者の鞄に手を突っ込んでくるし、しつこく追いかけてくることもあった。警官が追いかけても、逃げ足は速い。彼女たちは

いつも乳児を抱き、幼児を何人か連れて歩いていたが、その子どもたちは明らかに同じ人種の子どもたちではなかった。

「どうして、いつも乳児がいるのだろう」という疑問もささやかれていた。

私がイタリアに滞在している間、テレビに一種の尋ね人の番組があった。

「ある日、子どもがいなくなった、心当たりがあったらご連絡ください」というものだった。子どもではなく、もう少し年長の娘や息子を探しているケースも少なくなかった。組織された誘拐団の噂もあった。都市伝説はこういう噂を放っておかない。(医学的な実験に使うのだ)とかなんとか……。

そして、その構図は昔話にも持ち込まれていた。

「王さまが、病気をなおすのに、若者の血を欲しがっている。そこで家来が若者を誘拐する……」

そうやって誘拐された若者は、昔話の中では助け出されるのだが、現実の世界ではもっと深刻らしかった。

それはさておき、なんとか無事に終わった四都市での体験を、主に〈食〉に焦点を当てて報告する。

けっしてグルメの旅ではなかった。第一、高級レストランなど私には縁がなかった。女性誌のグルメ記事にも疎かった。私のそれまでの経験で知りえた限りでの店選びに過ぎない。この旅で偶然見つけた店もあった。みんなの期待は大きかったかもしれないが、背伸びすることはできなかった。

ミラノでアリタリア航空の直行便を降りて、ヴェネツイア、フィレンツェ、ローマと南下する予定だった。移動はすべて列車である。バスとちがって、列車の旅は線路に従って行くから、窓外を見て、地図を見て、どこを通っているか、わかりやすい。という配慮が通じたかどうか、おばちゃんたちはやっぱりおしゃべりが優先した。

ミラノ

観光の目玉は、
ゴシック様式のドゥオーモ
スカラ座とヴィットリオ・エマヌエーレ商店街
王宮
レオナルド・ダ・ヴィンチの最後の晩餐
といったところ。

グルメ料理を案内できるほど私は通ではないので、夕食はほどほどのレストランで、手長海老を食べた。デザートがワゴンで運ばれてくると、みんな子どもみたいに嬉しがって選んだ。

ところで、イタリアでは（おそらくヨーロッパの他の国でも）、水はガス（炭酸）入りがメインである。自販機でなにげなく手に取ると失敗する。慣れない日本人にはヒエーッというほど不味《まず》い。レストランでもノンガスと指定しなければならない。まず、ここで、水の選び方を学んだ。

ヴェネツィア

観光の目玉は、まず大運河沿いに並んだオリエンタルな商館である。Mさんは、「なるほど、こういうことなのね」と感じ入っていた。写真で見ただけでは実感できない光景には違いない。

交通手段はバスもタクシーもすべて船。町中に張り巡らされた小運河を行くのはゴンドラだ。料金は高いと聞いていたから私はゴンドラには乗ったことがない。乗らなくても、見ることはできるし、歌だって聞くことはできる。川幅は広くないのだ。

迷路のような狭い道にはぎっしり店が並ぶ。ヴェネツィアングラスの工房があるムラノ島にも行ったが、じつはそこまで行かなくてもこの町の商店でも買える。

さらに世界一美しいといわれるサン・マルコ広場とサン・マルコ寺院、ドゥカーレ宮殿は必見。宿は広場の近くにした。

さて、昼食はみんなの希望に沿って、ピッツァ。ヴェネツィアのピッツァは皮が薄くてパリパリなのが特徴である。私自身、ナポリの、生地の厚いピッツァより薄い方が好きだ。

あらかじめ目星をつけていた店に案内する。もう店名は忘れてしまったが、奥まった中庭にしつらえられたテーブルに案内された。イタリアらしいサラダも注文した。真っ赤なトマトに真っ白なモッツァレッラチーズ。これは水牛の乳から作られている。食品店に行くと、水に浮かべて売っている。見かけは豆腐みたいだ。味は特別美味というほどではないが、生もので輸送が難しいから貴重品扱いだ。日本にも今は輸入もされているらしいが、そこまでして食べたいものとも思わない。現地で食べてこその食品だと思う。サラダには何かしらグリーンも添えられていて、まさにトリコローレ（イタリアの国旗、三色旗）なのである。ピッツァは好評だった。

その後、ヴェネツィアの土産物店を冷やかしながら、ぶらぶら歩き。さて、夕食はどうする？

じつはこの旅行中、

「せっかくのイタリア旅行なのだから、日本食に逃げるのはやめようね」と約束していた。幸か不幸か日本料理店は見当たらなかった。

ところが、である。夕方、くたびれて町を歩きながら全員、寡黙になっていき、そして、なんの相談もなく匂いにつられて、吸い込まれるように中華料理店にぞろぞろと入って行ったのだった。まあ、お互い笑う合うほかはなかった。

つられたのは醤油の匂いだったのか、少なくとも、西洋の匂いではなく東洋の匂いだったろう。

何を食べたのかあまり記憶にない。麺は中華麺ではなくスパゲッティを使っていることはわかっていたから、麺以外の料理を選んだと思う。

お茶は無料ではなかった。ポットで運ばれてきたが、お代わりしようとしたところで、だれかが待ったをかけた。

「タダじゃないよ」

日本のサービスに慣れていた身にはちょっと不便であった。

イタリアの旅にペットボトルは必需品なのである。

フィレンツェ

フィレンツェでは一日だけ解放してもらって、私はフィレンツェ在住の友人に会いに行った。残りの五人も、一日くらいは自分たちで歩くのもいいのではないかと思ったのだ。心配などしなかった。主にウッフィツィ美術館で過ごしたようだが、買い物や町歩きも楽しんだようだった。

フィレンツェには三日とってあったから、かなりゆったりと、買い物を兼ねて町歩きを続けた。フィレンツェも見どころはいっぱいだ。

ドゥオーモ（花の聖母教会）ほか教会多数
ウッフィツィ美術館
ヴェッキオ橋
ミケランジェロ広場
シニョーリア広場とヴェッキオ宮殿
観光名所ではないが、中央市場
きりがない。ともあれ、両側に宝石店の並ぶヴェッキオ橋を渡って、ピッティ宮殿の前の職人の町をぶらぶら歩いてお土産を物色してもらった。
ほぼ二手に分かれて、前後して歩いていたが、ふとふり返ると後から来ているはずの三人の姿がない。どこかの店に入っているのかと引き返してのぞいて見たがどこにも見当たらない。
「もーオ、これだから自立心の強い人は……」
迷子になってちゃんとホテルに帰れるのか、いやそれまでにいっしょに夕食を食べることになっていたのに〜。
私もいい加減、疲れていた。
結局、三人は外からは見えない奥の深い店に入って買い物に夢中になっていたのだった。前後するかもしれないが、やはり町をぶらぶら歩いて、くたびれた。私はみんなを見失わないように後からついて行った。先行隊もくたびれたのだろう。店先の呼び声に誘われてふらふらと中に入って行くのが見えた。ごてごてに飾り付けたアイスクリームを売る店だった。

フィレンツェでは、バールなど、立ったまま飲み食いする店は、腰掛けたら席料を取られることになっている。席料はけっこう高額なのだ。

「ああ、話してなかったか……」

先行隊はすでに注文したとみえて、奥の席に陣取っていた。

店員がアイスを持って行って、代金を請求する。

Mさんが、大声で、

「高い、表示と違う」とかなんとか、英語で文句を言うのが聞こえた。

店員は、当然反駁《はんばく》する。

仕方がないので、私は店員にイタリア語であやまり、Mさんには事情を話した。疲れた。

その後、夕食の店を探していて、どこかで紹介されていた店を偶然見つけた。

そこで食べたミネストローネがめっぽう美味しかった。日本人の口にもよく合う味わい。みんなも満足してくれたらしかった。

次の夕食もそこがいいとリクエストがあったが、残念ながら、偶然見つけただけに、店の名前も、通りの名前も、どこで曲ったかもすっかり忘れてしまっていた。今さら暗い中を探すのもくたびれた。そういうわけで、その晩は私のなじみのほかの店でがまんしてもらった。

中央市場は観光名所ではないが、主婦には関心があるだろうと思って案内した。

今は改装されて新しくなっているようだが、当時の市場も充分魅力的だった。彼女たちは、皮をむかれた兎が吊るされているコーナーは目を背けて通っていたが、二階の青物売り場では歓声を上げていた。血のように赤いブラッドオレンジは今でこそ日本でも紀伊国屋などで手に入るようだが、私も初めてお目にかかったときはびっくりした。ほんとうに血のように真っ赤なのだ。だが味は驚くほど良い。ただ甘いというだけでなく風味もよい。

オレンジだけではない。トマトや、メロンの山でも歓声を上げ、売り場のハンサムなお兄ちゃんと写真を撮ったりしてはしゃいでいた。こうなったら通訳なんかいらない。メロンやトマトを買って、ホテルの冷蔵庫で冷やして食べた。

ローマ

見どころはやはり盛りだくさん。

コロッセオ

フォロロマーノ

トレヴィの泉

ナヴォナ広場

スペイン広場

そして、ヴァチカン市国。

みんなは、古代の遺跡フォロロマーノが気に入ったようだった。

ホテルの部屋にもどると私はベッドに倒れ込んだまま、起き上がる元気をなくしてしまった。夕飯をパスして一人ベッドに残り、みんなに好きなところに行ってもらった。みんなは結局、昼間と同じ中華料理屋に行ったらしい。ビーフンの美味しい店だった。中華料理はローマでも根を張っていたようだ。

翌朝は私もすっかり元気になって、いっしょに行動した。

ホテルのパンが美味しかった。ロゼッタというバラの花の形をしたパンで、生地はバゲット風。初めてローマに行った時に知った味だった。甘味がなく、カリッとして病みつきになる味だ。ロゼッタに再会できて、ローマに来た甲斐があった。

帰国後、また、イタリア旅行のリクエストがあったが、固くお断りした。私は添乗員にはなれない。

イタリアのサンドイッチ●パニーニ

友人たちとのイタリア旅行では、ミラノからヴェネツィア、さらにフィレンツェへ、そしてローマへと、都市から都市への移動はすべて列車にして、昼食は車内でとることにした。時間の節約でもあるが、じつは私はバス旅行が苦手なのだ。今は克服したが、当時は乗り物、とくにバスに弱くて、無事に旅するために常に強い薬に頼っていた。

列車に乗る前に駅でお弁当を買う。これはみんなにまかせた。お弁当といっても、日本のような駅弁などない。イタリアではどこでも、携帯食はパニーニだ。ホットドッグのように、パンにおかずが挟んである。結構、種類はあった。

だが、私が初めてイタリアに行った一九七〇年代の終わり頃、パンに挟まれていたのはもっぱら生ハムで、パンもかためのバゲットタイプだった。味は良いのだが、どこへ行っても同じで、駅弁のような楽しみはない。今回はさすがに、少しは変化していて、生ハムのほかに、サラダや卵もあった。

窓外の景色を楽しみながら、おしゃべりを楽しみながら、パニーニをぱくつきながらの列車の旅もゆったりしていいものだった。急行または特急のコンパートメントは三人ずつ向きあった六人用。膝と膝の間に六人分の小型のキャリーバックが六個ピッタリおさまってテーブル代わりになった。

ところで、このコンパートメントについては今も胸のざわつく思い出がある。

イタリアの列車の予約席は、専用の車輌になっていない。予約があったときだけその席が予約席になって、コンパートメントの入り口に表示がされるだけなのである。予約していない人はそのことを知らないことが多い。とくにイタリア旅行が初めてという外国人は知らないのが普通だ。予約席とは知らず早めに来て、席をとったつもりで座っている。

ヴェネツィアから乗った時だったか、私たちが予約した席に、アジア系の若い男女が座っていた。私たちが予約したコンパートメントに入ったら、先客がいたということであった。彼らは中国人だと自己紹介をした。友好的に、仲良くやって行こうという挨拶を受けた。さて、困った。彼らはここが予約席だということが納得できないようだった。切符を見せて席の番号とつきあわせてみて、リセルヴァートだの、プレノタートだのとイタリア語で言ってみても通じない。そこへMさんが口を挟んで、リザーヴドと英語でどなった。そうかイタリア語は通じないのだと納得したところへ車掌がやってきて、コンパートメントの入り口の表示を示して説明した。

彼らはその表示を確認して、やっとほかの席に移って行った。後味の悪い出来事だった。どうしたらよかっただろう?

話をパニーニに戻す。

二度目にイタリアに行ったときは、バールなどの店にはいろんな中身のパニーニが並んでいて、だんだんアメリカナイズされていくのを感じた。パンも柔らかいパンになっていた。アメリカ人や日本人の観光客が増えたせいだろう。小さく切り分けられた、あるいは最初から小さく焼かれたピザも並ぶようになっていた。

一九九〇年ごろ、夫と一年間フィレンツェに滞在していた私たちは、ある日、フランスに出かけた。夫は島崎藤村を研究対象としていたのだが、第一次世界大戦が始まる頃、パリに逗留していた藤村がパリから疎開して住んでいた家を見るためにリモージュに行きたいと言いだしたのだ。リモージュはフランス中西部の陶器で有名な町だ。

島崎藤村の翻訳者であるフランス人女性Aさんが案内してくれるというので、私たち夫婦はフィレンツェにいた友人も誘ってパリまで出かけた。当時パリに留学していた長男が連絡の労をとってくれたのだった。Aさんは、フランス外務省を定年退職したばかりだということで、セーヌ川に架るポンヌフ橋に近い一等地のアパートメントに住んでいた。ヨーロッパの都市部では一戸建てではなくアパートメントが普通である。彼女は私たちを、

「見にいらっしゃい」と、エレベーターで上がってくるよう、誘ってくれた。私と友人は好奇心にかられて、のこのこと上がって行った。夫と息子は、遠慮して下で待っていた。私たちはずうずうしい日本のおばちゃんなのであった。アパートメントの部屋数は多かったが、あまり整理整頓は得意ではなさそうで、言って見れば生活感のある住まいであった。日本人なら、

「散らかっているから……」と言うところだろう。彼女は鷹揚であった。

息子は用があると言って帰って行き、私たち夫婦と友人は、Aさんの運転する車で出かけた。朝は早かったが、リモージュはわれわれの感覚から言ったら、とても日帰りできるような距離ではなかった。しかもAさんは役所を定年退職した、多分、六十歳代の女性である。彼女は当

然のように日帰りのつもりだったようだ。

明るい森を抜け、車はひたすら南に向かって走った。フランス中部には山がない。どこまで行っても見渡す限り平坦な農地と牧草地だ。ときどき家畜の姿が遠望されたが、牛だか羊だかよくわからないうちにすごいスピードで通り過ぎた。その光景はフランスの農産物の豊かさを感じさせてはくれたが、ちょっと退屈な光景ではあった。日本なら途中でお茶でも、という距離になっても、お茶するようなところはまるで見当たらなかった。

彼女の運転は、ひたすらひたすら真っ直ぐで、速かった。

リモージュに着いたのは、正午頃、彼女なりに計算されていたのだろう。

普通なら、ここでレストランへというところだ。ところが、Aさんはどこかに消えたと思ったら、包みをかかえて戻ってきた。包みにはバゲットが入っていた。そして、生ハム。これが昼食ということだった。多分、フランス式にレストランで食事しようものなら、その日のうちにパリに帰り着くことはできなかっただろう。

生ハム付きのバゲットと水。案外、フランスらしい遠足だったのかもしれない。美味しかった。さすがにフランスのバゲットではあった。

目的の家はすぐ見つかった。Aさんがちゃんと調べておいてくれたのだろう。石造りのなんということもない二階家では大家さんに話を聞くことができた。もう住む人がなく、そのままでは取り壊される運命だったその家は、その後、仏文学者河盛好蔵氏らの働きかけで保存されることが決まり、現在は藤村が疎開していたことを記した銅版が外壁に取り付けられているという。さらに、それらの動きは藤村の母校明治学院大学の学生のリモージュへの留学のきっかけにもなったという。

帰途もまた、まっしぐら。夜も更けてからパリに近づいて、閉店間際の駐車エリアに飛び込む。残り少なくなった料理から適当に選んで食べ終わると、店員は、

「どうせあとは捨てるしかないから、好きなだけ食べて」

とすすめてくれた。だが残念なことに、すでに、おなかはいっぱいだ。持って帰ったところで、ホテルには待っている人はいない。もったいない！

サンドイッチに戻る。

それにつけても、日本のサンドイッチの多様なこと。一度サンドイッチを扱っている店に行ってみるといい。あきれるほど多種多様な物が挟まっている。ハム、ゆで卵、チーズ、サラダ、それらのミックス。豚カツを挟んだカツサンドなんて、いつのまにか定番の地位を占めてしまっている。現実は常人の想像をはるかに越えたサンドイッチが生み出されているらしい。

日本人にかかったら、食の国境なんて軽々と越えてしまう。名の由来となったサンドイッチ博士がカードゲームをしながら食べていたサンドイッチにはなにが挟んであったのだろう。そんな由来はお構いなしの日本のサンドイッチ世界の隆盛である。焼き立ての熱々のサンドイッチなんて、もう、お弁当ではない。

ここ老人ホームでも、月に一度くらい、サンドイッチが出る。中身は、ハムと胡瓜、ゆで卵のマヨネーズ和え、ツナサラダ、ジャムなど、よく言えばオーソドックスなサンドイッチである。食べやすく小型なのが如何にも老人向けだ。

ついでに言えば、日本の携帯食の定番、おにぎりがデパートで売られるようになった時はいささか抵抗感があった。だがそれも慣れてしまった。今のところ老人ホームではおにぎりは出ない。

市販のおにぎりは中身も賑やかである。梅干し、おかか、昆布、タラコといった定番におさまらず、天むすなんてものが出てきた時は、かなり評判になった。まさかと思いながら食べてみれば、これが意外にいけるのであった。

三重県なんて、我がふるさとでありながら、古色蒼然としているようなイメージを払拭できないでいたが、この天むす、なんと三重県からはじまったとか。お伊勢さんもなかなか隅に置けないようだ。

豆の話1●大豆と小豆

田辺聖子に『芋たこなんきん』というエッセイ集がある。ＮＨＫの連続テレビ小説にもなって知られている。大阪の女はこの三つが好きだというのだ。だが、同じ関西圏に属していても、津にいた私には、タコはあまりなじみがなかった。私が好きなのは、芋・豆・カボチャである。カボチャを南京というのは関西あたりだけらしい。伊勢というのは微妙で、ときに関西圏に入れられ、ときには東海に入れられたりする。関東から見れば、大阪も津も、もしかしたら同じように見えるかもしれないが、当地から見れば違いの方が多い。

カボチャとはカンボジアからきていることは容易に推察できるし、そのカンボジアは日本から見れば、異国ということでは中国の南京と同じに見られていたということか。それはサツマ芋を薩摩では唐芋《からいも》というようなものか？ 唐はもちろん中国である。その先はどうあれ、当時はそれ以上遠くまで視野になかっただろう。

ともあれ、私は豆が好きである。もっとも豆にもいろいろある。私に縁のあるもの、好きなものにしぼって書いてみる。

大豆

豆は大昔から人類を支えてきたらしい。もちろんそのままで庶民の食卓にものぼったし、とくに大豆は油を絞ったり、その粕を肥料や飼料にしたりと、料理という表舞台を支える陰の存在でもある。もちろん、陰などというのはおそれおおいほど、その力は大きいのだが、この本の主旨は多分に〈体験的〉なところにあるので、やはりその主旨に沿って話を展開していきたい。

　豆の種類は実に多い。私が食べた物だけでも、十指に余る。そんな中で、やはり日本人に一番縁の深いのは、大豆と小豆ではないか。

　まず乾燥大豆から。

　大豆には四色ある。薄い黄色は、普通の大豆。茶色いのは、例えば茶豆というのが枝豆としてとくに山形あたりで重宝されているらしい。黒いのはご存じ黒豆、おせちの定番。緑はあまり見かけないが、青大豆として、今もどこかで重宝されているらしい。

　戦後、母は自宅の庭や近所で借りた空き地を畑にして、にわか農婦となって一家の食を支えてくれた。父の勤務先の高農（後の三重大学農学部）が貸してくれた農場はちょっと遠くて頻繁に手入れができないことから、手のかからないサツマ芋畑にしていたが、近くの畑では、日々手入れも収穫もできる野菜を作っていた。母は元々研究心も遊び心もある人だったので、大豆も必要に応じてというだけでなく、面白がって黄、茶、黒、緑と四色揃えて作っていた。たいした量ではなかったから、収穫して庭で蓆《むしろ》に広げるときは、四色を混ぜてしまって、子どもたちに見せびらかして、

「きれいでしょう？」と笑っていた。そんな光景は覚えていても、それらの大豆をどんな風に調理したかはあまり記憶にない。ただ、炒った大豆をよく石臼で挽いたことは記憶にある。挽いたものは砂糖と塩を少量混ぜて、そのままおやつにした。黄な粉である。

大豆は、多くの日本の文化と同様、かなり古い時期に中国大陸からやってきたものらしいが、今はすっかり日本に根付いている。だが、アメリカなど外国産が増えてきて、かなり前から自給率の低さが問題視されているらしい。

乾燥大豆はスーパーでも買えるが、最近は、便利な大豆の水煮缶が出ている。私も主婦現役時代末期には有難く使わせてもらったものだ。

大豆を使った料理で私が一番懐かしいのは、昆布豆である。大豆と昆布を甘辛く煮含めただけの素朴な一品であるが、トップに挙げたい。大豆も昆布も充分旨味があるから、ダシなど要らない。昆布をもどして柔らかく煮たら、水煮大豆と合わせて醤油と砂糖で煮ればよい。できあがったとき、汁気がジャブジャブしていないように、煮汁が豆と昆布に程よく吸われるように煮含める。〈いくらでも箸が進む〉これができあがった煮豆の評価の基準である。甘かったりしょっぱかったりすれば箸は止まる。肉や魚の場合と、ちょっと基準が違う。

五目煮豆は昆布を使わない分、仕事は楽かもしれない。最低限、人参、ごぼう、コンニャク、椎茸は入れたい。ほかに蓮根、このあたりがオーソドックスな五目煮豆であろう。椎茸は、できれば干し椎茸をもどして使いたい。よいダシが出る。干し椎茸は植物性のダシでは昆布と双璧をなす。

和風だけではない。洋風煮物にも大豆は欠かせない。もっとも、洋風の場合、大豆より白インゲン豆や、レンズ豆、ヒヨコ豆を使う方が本場物らしいのかもしれないが、大豆に慣れた日本人には、大豆で充分楽しめる。ポークビーンズ、ミネストローネなど。まったくの家庭料理だから、何を入れてもよいのだが、最低限、タマネギ、人参、ジャガ芋、ベーコンか豚肉を入れれば格好はつく。味付けには塩コショウ、そしてトマトを使うことが多い。トマトはこれも便利な水煮の缶詰がある。ダシを入れるとすれば、今はインスタントのスープの素もある。ブーケガルニや鶏ガラのダシなどしゃれたものや大仰《おおぎょう》なものはプロにまかせたい。ブーケガルニとはフランス料理で使う香草の束で、日本でも一時流行った。パセリ、タイム、ローリエ、エストラゴンなどが使われる。日本の洋化した料理の本場物との違いは一つには香料にあるだろう。香料を簡素化することで、西洋料理が洋食になって家庭に落ち着いたといえるかもしれない。

枝豆

若い大豆を莢《さや》のまま茹でるのが枝豆である。ビールのつまみには欠かせない。アルコールがあまり好きではない私も、枝豆は大好物である。

寿司屋のメニューに枝豆があれば、ビールは飲まなくても注文してしまう。それだけに、茹で加減と塩加減にはうるさい。真っ当にうるさい。自分で茹でていた時も、いろいろ試していた。要は茹でる時間と、塩加減である。水から茹でるか、沸騰してから豆を入れるか、何分で引き上げるか、水をかけて冷ますか冷まさないか、塩をどの段階で振るか、じつは百パーセント満足できないうちに入院してしまって、実験は未完成である。今は外食で吟味しているが、なかなか満足できる枝豆に出会えない。かたかったり、塩加減がよくなかったりする。私の中にあるのは、多分、子どもの時に食べた味だろう。つまり、これも母の味だ。戦後間もない頃も、にわか菜園で作っていた大豆の多くは若いうちに収穫して枝豆として食べていた。

黄な粉

大豆は粒のままではなく、粉にして使うことも多い。黄な粉である。昔は、炒った大豆を石臼で挽いたものだ。二段重ねた丸い石の上段に開けられた穴から、炒った大豆を少しずつ落としてゆっくり回して黄な粉を作った。これは子どもたちの仕事だった。黄な粉は、砂糖と塩を混ぜてそのまま食べた。ご飯をまるめてまぶせばおはぎになったはずだが、そのご飯が満足に無い時代であった。

一度、生大豆の粉というのが配給されたことがあった。生臭くて、「この世で一番不味い！」とさえ思った。それを団子にして汁に浮かし、〈すいとん〉を作ったが、それこそ、ヘドが出そうに不味かった。この不味いという味覚は、多分に臭いに左右されている。生大豆の生臭さそのままという不味さであった。

これは豆ではないが、やはり、戦後、サツマ芋を生のまま干して粉にしたものが配給されたことがあった。不味さという点で、生大豆粉と双璧をなす代用食であった。ほかに食べるものがないのだから、捨てるわけにはいかなかった。

「こんなものを食べさせて！」と怒りの持って行き所のない敗戦国の惨めさを味わった。

美味しかった思い出を綴りたいのに、不味かったものまで思い出してしまった。そんな時代が二度と来ないことを祈るばかりである。

豆腐

大豆には加工品も多い。もっともポピュラーな豆腐、豆腐を使う油揚げ、厚揚げ、がんもどき、高野豆腐。生揚げは厚揚げと同じものらしい。津では厚揚げと言っていたような気がするが、そもそも厚揚げも生揚げも子どもの頃はあまり食べた記憶がない。だが、今、老人ホームの献立にはしょっちゅう出る。ただし、果たして豆腐製品か怪しい。というのも、最近かためのはんぺんを揚げたような物が出て、これを生揚げと言ったりしているが、どうも、怪しい。〈魚河岸揚げ〉というものがあるが、これは商品名らしい。まにあわせに厚揚げと言っているような気がする。浮世を離れていた間に疎くなった。

東南アジアや中国南部にも豆腐があるらしいが、それらの影響を受けたにしても、日本的に、多分柔らかく変化しているようだ。

豆腐には木綿豆腐と絹豆腐があるが、木綿や絹で漉しているわけではないらしい。それぞれ製法が違い、含まれる栄養素も微妙に違っているらしい。食べる方は口当たりで選んでいる。

子どもの頃読んだ漫画の中で、子どもがお使いに行ったら、豆腐屋さんが、「奴《やっこ》にしますか? さいの目にしますか?」ときく場面があった。現実にそんな場面に出会ったことはなかったが、妙に印象に残っている。奴とは冷や奴にして食べる場合で、大切りにし、さいの目は一センチほどの角切りで、味噌汁に入れる場合だと説明されていた。漫画からも学ぶことはあったのだ。

豆腐は鍋物にも欠かせない。鍋の場合は木綿豆腐か、いや、もう、こうであらねばならないと堅苦しく考えることはない。創意工夫によって如何ようにもアレンジできる時代である。変わったことをしても笑われるどころか、その発想が褒められることもある時代である。それは食だけではない。衣にも住にもいえることである。かえってセンスが試されて怖いかもしれない。

一年間イタリアに滞在するにあたって、友人が〈豆腐の素〉なる商品を紹介してくれた。粉末になった製品を水に溶かし、ニガリを混ぜて固めるという、いたってシンプルな製品であった。一応賞味期限があったので、滞在中の前半にせっせと豆腐をこしらえた。できあがりは絹豆腐であった。そのうち、豆腐で、がんもどきができるような気がして、挑戦してみた。できあがった豆腐の水気を絞って、人参や、ヒジキなどを混ぜて、平たく丸めて揚げてみた。大成功とはいえなかった。歯触りというか、かたさが違う。頼りなかった。

日本に帰ってきてからいろいろ調べてみた。まず、絹豆腐では無理だし、木綿にしても山芋などつなぎが入った方がうまくいきそうだった。だが、日本に帰ってくれば、市販のがんもどきがあるので、それ以上追究することはやめた。

豆腐に戻る。

豆腐のもっともポピュラーな外国料理は、麻婆豆腐かもしれない。さすがに洋食にはない。豆腐は中国の方が先輩だと素直に学ぶ気になった。同じ中国料理でも餃子やシュウマイといった点心ではなく、麻婆豆腐はご飯に合うおかずとして受け入れられた。

一九六〇年代の終わり頃に、私は吉祥寺の町の食堂で麻婆豆腐に初めて出会った。中華料理店ではなく、国籍などにこだわらない町の大衆食堂である。吉祥寺は当時まだ垢抜けない庶民的な町だった。わが家は井の頭線の久我山にあったから、吉祥寺は電車で三つ目、休日のちょっとした家族でのお出かけに手ごろな近さだった。

初めての麻婆豆腐をまず長男が気に入った。家でも挑戦してみようかと思い、私は材料や味付けなどを舌と目で吟味しながら学ぼうとした。

主な材料は木綿豆腐に挽肉。豚でも牛でもそれなりの味にはなりそうだった。まず、挽肉とみじん切りのネギを中華鍋で炒め、少量の出し汁と味噌と醤油と砂糖少々で味付けして二センチ角くらいに切って水切りをした豆腐を加えて、加熱した後、片栗粉でとじる。あまりどろりとはさせたくないし、とろみをつけないとびしょびしょするし……。ここが決め手のようであった。トウガラシくらいは入れた方がいいかなと思って入れてみたが、もともと辛いのは苦手だったから、申し訳程度のことだった。当時八角という中華の香料が知られはじめていたが、どんな匂いか知らないし、すぐには手に入らないし、結局、それ以上の冒険はしなかった。

外国の料理を日本の家庭料理に採用するとき、香料の問題にぶつかる。嗅ぎ慣れない匂いを初めて使うのは勇気のいることだった。私に言わせれば、香料なんかなくても美味しいというのが家庭料理である。

小豆・ささげ

字面からいえば大豆に対して小豆か？　日頃あまり考えたことのない対比である。でも、たしかに大豆に比べて小さい、と妙に納得する。小豆も中国から入ってきたらしい。何だかんだいっても文化は西からである。もっと中国に敬意を表すべきではないか。今さらの感はあるが。

小豆といえば、まず赤飯。房州の夫の実家にいたころ、子どもが生まれたなど祝い事があると、お赤飯を近所に配る風習があった。赤飯をもって伺うと、かならず空っぽにした入れ物に、マッチ棒を数本入れて返された。まさに〈お気持ち〉であった。最初はかなり驚いたが、それが習わしということなら、こちらも慣れるほかなかった。一九六六年、房州にいた間に次男が生まれて、そういう経験をした。

ところで、赤飯はもち米と小豆、と思い込んでいた私は「小豆ではなく、ささげ」だと聞いて驚いた。さらに仏事には白インゲンを使うと知ってまた驚いた。これはかなり広い範囲で行われている風習のようだが私は知らなかった。もしかしたら、美濃や津では使わなかったのか？

ささげを使うのは、小豆の方がささげより色も濃くて黒っぽいからということだけではなく、ささげの方が皮が破れにくいからということだった。赤飯に小豆を使うのは関西の習慣らしいとのちに知った。

そして、甘味。これも、日本人に欠かせない味覚である。お汁粉、ぜんざい。ぜんざいは粒あん、お汁粉はこしあんだと思っていたが、関東に来てみたら、あまり区別していないように見える。

粒あんは小豆を柔らかく煮ればいいのだが、こしあんは一手間も二手間も余計にかかる。潰して、漉して、晒す。一度ではない。母が挑戦しているのを見ていたが、真似する気にはならなかった。母も懲りたらしい。以後、お手製は粒あんに限った。やがて、私は缶詰を使うようになった。私の昭和の後半は、仕事が忙しくなるにつれて、既製品に降参する手抜きの歴史でもあった。子育ては済んだから、まあいいか、という気持ちもあった。

あんこはもっぱらおはぎ（ぼたもち）用であった。母もかつてはいばら餅を作っていたが、甘いものが簡単に手に入るようになると、作ることはなくなった。ただ、一度、金つばを作ったことがある。あんこをかためにに作って、直方体に形作り、かためにに水溶きした小麦粉をつけて、鉄板の上で六面を焼く。何度もひっくり返して焼く作業を子どもたちも面白がって手伝ったものだ。こうなると、遊びに近い。

豆の話2●インゲン豆とエンドウ豆

ウズラ豆・白インゲンなどの煮豆も母はよく作っていた。これはおやつというよりお総菜として作ったのだと思う。母は結構甘いものが好きだったが、糖尿病になるほどでもなかったようだ。多分、好きなだけ甘いものが食べられる時代ではなかったことが幸いしていたのかもしれない。あの食料難の時代も悪いことだけではなかった。

おたふく豆や花豆など大きな豆があることは知ったが、豆が手に入らなかったから家で煮ることはなかった。それらは家で煮るものという認識はなかったのだろう。

空豆は甘く煮るだけでなく、茹でたり、乾していり豆にしたりして、おやつに食べた。

ヨーロッパ、少なくともイタリアではおかずに砂糖は使わない。甘いおかずはない。甘いものはもっぱらデザートとして食後に食べる。デザートは思いっきり甘い。だが、日本では料理に砂糖を使うのは当たり前になっている。

イタリアで一年間過ごすことになったとき、アリタリア航空の機内で、私はコーヒーのために供された袋入りのグラニュー糖を使わずにバッグにしまった。機内の飲み物は、当時、ウーロン茶はなかったからジュースを飲んでいたと思う。元々コーヒーや紅茶には執着しない。

イタリアでは料理用の白砂糖など手に入らないことがわかっていたから、当面の足しになると、ミミッチイことを考えたのだった。そんなことをするくらいなら、日本から砂糖を持ってくればよかったのに、出発前はそこまで思い至らなかった。機内で砂糖を見て急に思いついただけだ。結局、イタリアでは和風の煮物など砂糖を使う料理はあまり作らなかった。

野菜も、イタリアにはペペローネ（パプリカ）など、そのままで甘味の強い野菜もある。このペペローネを主とした野菜の煮物は、イタリアだけでなくフランスでも家庭料理として好まれているようだ。日本でもパプリカを野菜ソテーに使うことが増えてきているように思うが、この野菜の自然な甘さに日本人も気づいてきていると思う。

白いインゲン豆を、イタリアでは塩味で煮て、料理の付け合わせに使う。オリーブオイルも使われていたようだ。これはフィレンツェの郷土料理だということだ。

サヤインゲンというのがある。ドジョウインゲンとも言うらしい。老人ホームでは毎日のように食卓に上る。かために茹でたものは、見た目は良いが、あまり美味しくない。高校生の頃、畑や庭でたくさん作っていた。じつはくたくたになるほど柔らかく煮て濃く味付けした方が美味しい。お弁当に、卵焼きといっしょによく入っていた。栄養のことを考えれば煮過ぎない方がいいのだろうが、私はあの、くたくたインゲンが懐かしい。

エンドウ豆、つまりグリーンピースも塩味で煮て、付け合わせによく使われていた。これもフィレンツェの料理らしかった。ところで、エンドウ豆では気になることがあった。

「ピノッキオの冒険」をご存じだろうか？　イタリアの代表的な児童文学であるが、一般にはディズニーのアニメの方が知られているようだ。これは原作とはかなり違っているようだが、アニメのおかげで知名度は上がったらしい。私は最初、日本語で読んでいて、後にイタリア語で読んだのだが、その中にエンドウ豆が出てくる場面がある。その場面を抜き出してみよう。ジェッペット爺さんを探しに、鳩の背に乗って旅立つ場面である。

「ところで、君はジェッペットを知っているかい？」

と、ハトはピノッキオに訊いた。

「知ってるとも！　気の毒なぼくの父ちゃんだもの！　父ちゃんはぼくのこと話してたの？　君、ぼくを父ちゃんのところへ連れて行ってくれる？　でも、父ちゃん、まだ生きているの？　お願いだから答えてよ！　まだ、生きているの？」

「三日前に海岸に置いてきたところさ」

「父ちゃんは何をしてた？」

「小さな舟を作っていた。海を渡るためにね。あの気の毒な人は四か月以上も君のことを探して世界をまわっているんだ。そして、君を見つけられなくて、新世界のもっと遠い国々へ君を探しに行こうと考えはじめているのさ」

「ここから、その海岸までどれくらいあるの？」

と、ピノッキオは心配そうにたずねた。

「千キロ以上はあるね」

「千キロだって?!　ああ、ハト君、君のような翼がぼくにもあったらなあ……」

「もし行きたかったら、連れて行ってあげるよ」

「どうやって？」

「ぼくの背に乗ってさ。君、すごく重いかい？」

「重いかって？　ぜんぜん。木の葉みたいに軽いよ」

そして、それ以上のことは言わずに、ピノッキオは曲芸師のようにハトの背にとび乗ってまたがった。そして、大喜びで叫んだ。

「走れ、走れ、小馬くん、早く早く着いとくれ」

ハトは勢いよく飛び立って、空高くに達すると、数分で雲に届きそうになった。そんな途方もない高さに達するとピノッキオは好奇心に駆られて下を眺めたものの、めまいがして、怖くなった。そこで落ちないように、ハトの首に腕を回してしがみついた。

一日中飛び続け、夜になるとハトは言った。

「とってものどが渇いたよ！」

「おなかが空いた！」とピノッキオが付け加えた。

「このハト小屋でちょっと休もう。それからまた、旅に出ればいい。明日の明け方には海辺に着くよ」

ふたりはだれもいないハト小屋に入った。そこには水のいっぱい入った洗面器とカラスノエンドウが山盛りになった篭があった。

このあやつり人形は生まれてからこのかた、カラスノエンドウなんていうものを食べるなんてつらいめにあったことはなかった。聞いただけで吐き気がして、胃がひっくり返るほどだった。ところがその夜はがつがつ食べた。そして、ほとんど食べ終わったところで、ハトの方を向いて言った。

「カラスノエンドウがこんなに美味しいとは知らなかった！」

「美味しいと信じることが大事なんだよ、ぼうや」とハトは答えた。「ほんとうにおなかが空いて、食べるものが何もないときにはカラスノエンドウだって美味しいご馳走になるのさ！　ほんとうにおなかが空けば、わがままなんて言っていられないのさ！」


（訳・剣持）

『ピノッキオの冒険』のこの場面は私にとって忘れられない場面なのである。私は子どもの頃好き嫌いが多かったとはいえ、ここでは、そんな教訓のせいで覚えていたわけではない。最初に読んだ杉浦明平氏の訳のなかでは、この豆はエンドウ豆になっていた。私はエンドウ豆は好きだったから、私でさえ好きなのに、ピノッキオが嫌いだと言ったことに驚いたのである。それがずっと気になっていたのだが、その後、安藤美紀夫氏の訳が出たとき、確かめてみたら、やはり、エンドウ豆になっていた。その頃には私もイタリア語が読めるようになっていたので、原文を確かめてみると、この豆は、エンドウ豆はエンドウ豆でも、野生のカラスノエンドウであることがわかった。一番新しい大岡玲氏の訳を確かめてみると、ここではカラスエンドウとなっている。カラスエンドウなんて聞かないから、きっとカラスノエンドウのことをちょっとスマートに言ってみたのではないか？

カラスノエンドウなら不味いかもしれない。だが、本当に食べられるのだろうか？

調べてみると、天ぷらにすれば美味しいとある。知らなかった。カラスノエンドウは、今でもこのあたりに見かける赤紫色の花をつける野草である。子どもの頃、花が実になると、草笛のようにして鳴らして遊んだものだ。

食べられるということはわかったが、戦後の食料難の時代でもあるまいし、今は食指をそそられるほどではない。

それがわかると、急にピノッキオの気持ちがわかるような気になった。ピノッキオの作者のコッローディはかなりの遊び心があるようだが、彼自身カラスノエンドウを食べたことがあったのかどうか。食べられるということぐらいのことは知っていたのだろう。

エンドウ豆には、莢ごと食べるサヤエンドウと、中の実だけを食べる実エンドウがある。

さらに、乾燥した豆をもどして食べる赤エンドウがある。蜜豆に入っているのがそれだが、それほど美味しいものではない。だが、蜜豆からエンドウ豆をなくしたら、つまらないかも、という程度にはなじんでいる。

サヤエンドウは、昔は甘辛く煮て卵でとじたり、キャベツなどと野菜炒めにしたものだが、そのうち絹サヤという上品なのが出てきて、飾りに使ったりするようになった。

また、私が現役主婦を引退する頃から、スナップエンドウなるものが出てきた。見た目はちょっとかたそうだが、意外にやわらかい。スナップエンドウを使うかどうかが新旧主婦の分かれ目かもしれない。

莢のかたい実エンドウ。私はこの実エンドウの豆ご飯が好きだ。母が炊く豆ご飯の塩味は絶妙で、私の味付けの基本となっている。ここの老人ホームでも、年に二〜三回は豆ご飯が出るし、和風ホテルのご飯にも、初夏には出ることがあるが、塩味はいまひとつ遠慮しているようで物足りない。塩味は薄ければよいというものではない。

実エンドウはグリーンピースなどと洋風の名前をもらって小型の缶詰になっているが、缶詰になったグリーンピースは旨味が抜けてしまって、これはもっぱら飾りに使われる。子どもの頃、母が誕生日に作ってくれたチキンライスに飾られていたグリーンピースも缶詰だったのか、そんな時代にグリーンピースの缶詰があったとは思えないが、聞いてみたくても母はもういない。

グリーンピースは冷凍食品にもあったが、買ったことはない。ご飯に入れるのは生を使いたかった。私にとって、豆ご飯は季節の使者だった。

エンドウ豆はちょっと一手間かけなければならない。サヤエンドウなら、筋を取るのは子どもの仕事だったし、実エンドウ莢から実をはがすには、たいがいは私が呼ばれた。妹にも記憶があるというから妹も呼ばれたことはあったのだろう。私と妹は数えだと三つ違い、学年は二年違った。台所仕事は三つ違いだとできることがかなり違う。

私は六年生になったら、オクドさんにお釜をかけて、薪でご飯を炊くことも当たり前のようにまかされた。失敗することもあった。

あるとき、火の具合を見て、このまま薪が灰になったらできあがり、と気を緩めて奥に引っ込んで、多分、本でも読んでいたのだと思う。

いきなり、バーンというすごい音がした。なにごとかととんで行けば、オクドさんの前に、醬油瓶の破片が散らばっていた。かまどの近くに醬油の一升瓶を置いていたのだろう。醬油がこぼれていた。

長い人生の中では、すっかり忘れていることと、鮮明に覚えていることがある。いやなことは忘れるともいうが、逆にいやなことだから忘れられないということも多いだろう。子どもの時の最も鮮明で色つきの記憶が、この粉々になった醬油瓶の場面である。

私は、外遊びも内遊びも好きで、結構真剣に遊んでいたような気がするが、部屋に寝転がって本を読むことも多かった。したがって、こういう失敗はやるべくしてやったということだろう。じつは母も〈読む〉ことは日常的なことだったようだ。それを不思議なこととも思っていなかったが、あるとき、友人がわが家にきた時も、母は新聞を読んでいたらしい。翌日、その友人に、

「あんたとこのお母さんは、昼間から新聞を読んでいた。信じられない」

と言われた。当時、主婦は日中から本や新聞など読むものではなかったらしい。その友人のお母さんは商家の主婦だった。上級学校を出ていると聞いたが、商家に嫁げば昼間から新聞など読んでいられなかったのだろう。

これで、母が家事もほったらかしというなら、問題だったのかもしれないが、母は少なくとも食べ物に関してはマメで、子どもにとって不都合はなかった。それに、母の戦中戦後の並々ならぬ働きを思えば、そんなことで非難する気にはならない。友人も母が怠けていたと言ったのではなく、その頃の主婦が〈読む〉ことを常態としていたことに、あるいは感嘆していたのかもしれない。

あとになって、母はあまり掃除は得意ではなかったと思い出し、私もそれは受け継いでいることに気がついた。苦笑するほかなかった。

ナッツ●豆に準じて

ナッツとは、一般にかたい殻に包まれた木の実のことで、乾燥させたものを食べる。多くは茹でたり炒ったり加熱したりして食べるが、中にはそのまま食べられるものもある。子どもの頃、公園で椎の実を拾って食べたことがあった。いっしょにいた兄が、似ているけれど、どんぐりをそのまま食べてはいけないと厳しく教えてくれた。以後どんぐりを食べようと思ったことはなかったが、なかなか魅力的な形だと、今でも思う。どんぐりも木の種類によって大きさも形も違っていて、集めるのは楽しかった。

パリのマロニエ（西洋栃の木）を見ても、横浜の栃の並木を見ても、さらに三内丸山の縄文遺跡のどんぐりや栗の実のニュースを見ても、あっさりと見過ごせない。椎の実のようにそのまま食べられれば楽なのにと思う一方、木の実の方も、そんなに簡単に食べられては困るのだろうなどと、子どもの時の思いをいまだに引きずっている。

新潟県に栃尾市というところがある。ここは昔話の伝承が豊かなところで、水沢謙一氏が昔話を集めて、何冊も資料集を世に出している。私は栃尾市には行ったことはないが、市の名前にも使われるくらいだから、さぞや、栃の木が多いのだろうと気を惹かれながら、この歳になってしまった。その栃の木は、今も通院の途中で見かける横浜の並木の栃の木と同じだろうか。

日本では栗、銀杏、ピーナッツ、クルミなどが昔から食べられてきたが、最近はカシューナッツ、ヘーゼルナッツ（ハシバミ）、ピスタチオなど、輸入ものもビールのつまみとして珍しくなくなっている。

ピーナッツ

子どもの頃はもっぱら落花生としてなじんでいた。小学一年生の頃まで住んでいた家の近くに、落花生の加工業を営む友だちの家があった。家内工業というか、住居と作業場が渾然《こんぜん》となっていて、遊びに行くといつも良い匂いがしていた。ときにはおやつにもらうこともあった。赤いインクで印刷された三角の紙袋に、炒りたての落花生を入れて手渡された。その友人のことは顔も名前もおぼろになったが、赤い袋の温かい感触と、香ばしい匂いは何度もよみがえる。

ピーナッツの特質を活かした食べ方は、なんといっても煎った乾燥ピーナッツだろう。食べだしたら止まらなくなる。ビールのつまみとして枝豆と双璧をなす。枝豆は若い方がよいし、ピーナッツは成熟した方がビールには合う。そして、どちらもビールがなくても美味しい。

ハシバミ・くるみ・栗

イタリアの魔法昔話に、ハシバミ・クルミ・栗がセットで出てくる話がある。ただし、食べ物としてではない。ナッツの殻という、容器の特質を活かした魔法の木の実である。長い話なので、ごく短く抄訳して紹介する。

イタリアの昔話1　豚王子

昔、ある国の王とお妃に子どもが生まれたが、その子は豚の姿をしていた。豚王子は大きくなって嫁をほしがり、人間の娘に求婚したいと母親を困らせた。貧しい男の三人の娘につぎつぎ求婚したが、結局、末娘が承諾して嫁になった。

娘は夫が夜には人間の姿に戻ること、じつは魔法のせいで呪われていた美しい若者であることを知ったが、夫は妻に、口外することを禁ずる。だが、妻がそのことを王妃に口外したことを知ると、怒って、どこへとも告げず、姿を消してしまう。出かける前に夫は、妻に七年の間に七つの瓶を涙で満たし、七足の鉄の靴と、七本の鉄の杖をすり減らさなければ見つけることはできないと言った。

妻は夫を探しに出かける。どこまでも、どこまでも歩いて行って、あるとき、森の中で見つけた灯をたよりに北風の家にたどり着いた。北風のおかみさんは娘に、マカロニと焼き肉とジャガ芋とインゲン豆を食べさせてくれ、隠してくれる。帰ってきた北風は、

くん、くん、人間の臭いがする、

いるのか、いたのか、

隠れているな！

と迫る。おかみさんは夫をなだめて食事をさせ、夫が食べ終わると、哀れな娘のことを話し、食べない

でくれと懇願する。腹がいっぱいになった北風は娘を食べないと約束する。

娘は出てくると、北風に夫を知らないかとたずねる。

北風は、たしかに王子を見たが、どこで見たのか忘れたと答える。そして、弟の西風が知っているかもしれないと言って、西風のところへ行くようにすすめ、別れ際に、困ったときに割るようにとハシバミの実をくれる。

西風のところでも同様のことが起こり、西風はアーモンドをくれ、さらに東風のいるところを教えてくれる。一番親切な東風は夫のいる所を知っていて、そこへ連れて行ってくれることになった。そして、やはり困ったときに割るようにとクルミをくれる。

翌朝、娘は東風に運ばれて、遠く、夫のいるところに向かうが、道々、東風は夫を取り返す方法を教えてくれる。

夫はこれから行く国の王になっていて、王宮にいる。明日はちょうど洗濯女たちが戸外で洗濯をして干す日だから、洗濯女たちに取り入って、親しくなったら、北風にもらったハシバミを割ってみるといい。中からすばらしい布が出てくるから、それを彼女たちのそばに干させてもらうのだ。女たちはその美しさに驚いて、女主人、つまり女王のところに報告に行く。女主人は見に来て、その布が欲しくなり、売ってくれと言うが、売ることはできないが、一晩王のそばで寝させてくれたら差し上げると言うのだ、と。東風はやっと夫のいる町に着き、娘をおろして戻って行った。

夫はまさにその国の女王と結婚させられようとしていた。娘は東風に教わったとおり、北風にもらったハシバミの実を割った。女王はその布を欲しがったが、娘は王のベッドで過ごさせて欲しい、それが条件だという。

女王は娘の厚かましさに腹を立てるが、結局、欲に駆られて申し出を受け、王の食事に眠り薬を入れて食べさせたうえで、娘を部屋に入れた。

娘はベッドに近づいて、それがまさに夫であることがわかると、夫を起こそうとした。だが起きそうもないとわかると、泣きながら歌を歌った。

七足の靴をすり減らした、
七つの瓶を涙で満たした、
七本の杖をすり減らした。
つらい七年のあいだ、
私のたった一人の愛しいひとのために。

むなしく夜が明けると、女王がやってきて、娘を追い出した。

娘はつぎの日、町の市までくると、思いついてアーモンドを割った。すると、素晴しい服が出てきた。それを見た王宮の女中たちが女王に知らせ、女王がそれを欲しがると、娘はまた夫の部屋で一晩過ごすことと引き換えに、衣装を渡した。

前の晩と同じことが起こった。

娘は歌を歌ったが、夫は目を覚まさず、夜が明けると女王に追い出された。

つぎの日、広場に他国の行商人がやってきて、人だかりができると、娘はまた、東風にもらったクルミを割った。すると宝石の包みが現れた。それを知った女王は、これまでと同じ取引に応じて娘を王の部屋に入れた。

だが、前日、王に女中が、夜中に起こったことを話しておいた。

王は、女王の持ってきた食べ物を犬に食べさせ、眠ったのを見ると、自分は食べたふりをして部屋に引っ込んだ。

王は娘の歌を聞くと起き上がり、二人は抱きあった。その時、王にかけられていた魔法が解け、二人はそっと自分の国に帰った。両親が亡くなると、王子は王位についた。

『トスカーナの昔話』より（抄訳・剣持）

＊長い話なので、繰り返しなどは省略した。

＊北風のおかみさんがご馳走してくれる食べ物は、トスカーナ地方ではご馳走として食べるものであろう。話の中にこうして食べ物の名をあげるのは、聞き手へのサービスだと思われる。

トウモロコシと栗●ポレンタについて

ポレンタというのは、トウモロコシの粉で作る食べ物である。お粥のように煮る場合もあれば、柔らかめのケーキのように焼くこともある。いずれにせよ、庶民的な食べ物である。できあがったものは、一見、スクランブルエッグや卵ケーキのようにも見え、ちょっと食欲をそそられはするが、日本人の感覚からいって、けっして美味しいものではない。『ピノッキオの冒険』の初めの方で、ジェッペット爺さんの黄色いかつらを、友だちのサクランボ親方が〈ポレンディーノ〉とからかう場面があるが、ポレンディーノとは、ポレンタのことをフィレンツェ訛りで可愛く言った言葉である。それくらい庶民的な食べ物なのである。

トウモロコシだけでなく、栗でポレンタを作ることもある。

フィレンツェを州都とする、トスカーナ地方の山地では山に植林された栗に頼ることが多かった。その辺の事情を物語る昔話を紹介しよう。「愚か村話」、笑い話である。すでに、『イタリアの昔話』（三弥井書店・一九九二年）に載せてあるので、ここには概要を紹介する。

イタリアの昔話2　モンティエーリの人たちとポレンタの話

モンティエーリは山地ばかりで耕地はあまりなかったから、山に栗の木をたくさん植えて、日常的に栗を食べていた。茹でて食べるだけでなく、粉にしてポレンタを作って食べていた。今日も栗、明日も栗。美味しいものだっていい加減うんざりだ。

栗のポレンタに飽き飽きしたモンティエーリの人たちは、司祭さまのところへ、なんとかしてもらいたいと頼みに行くことにした。何度もお祈りしていれば、神様が何とかしてくれるのではないかと考えたのだ。

みんなは司祭さまのところに行った。司祭さまは、

「なんの用かな?」

と、訊《き》いてくれた。

「おれたちは、もうポレンタに飽き飽きしたんですよ。神様にお願いしたら何とかしてもらえるのではないかと思ってね。お祈りの行進をやってもらえないでしょうか?」

司祭さまは言った。

「そうか、お祈りすることは悪いことではない。おまえたちが望むのなら、やってみよう。だが、本当にお祈りするなら、その前に絶食しなければならない。まあ、わしについてくるがいい」

司祭さまはそう言うと、先頭に立って歩き出そうとして言った。

「まず、あの山の上まで歩いて行かなければならない。だが村の衆全員だ。一人残らず来なければならない。いいか、家に戻ってみんなを連れて来い。全員だぞ」

みんなは言われたとおり、家に戻ってみんなを連れてきた。

夜が明けないうちから、みんなは司祭さまを先頭にして歩き出した。祈ってはまた歩き、歩いてはまた祈った。しばらく歩いてから、司祭さまはみんなをふり返って言った。

「疲れただろう？　ポレンタを食べに帰るかね？」

みんなは一斉に答えた。

「行かない、行かない」

そこで、また歩きはじめた。歩いて、祈って、祈って、歩いた。夜が明けて、七時になり、八時になり、それから、また司祭さまが言った。

「おなかが空いてきたな。ポレンタを食べに帰るかね？」

「行かない、行かない」と、みんなは答えた。だが、司祭さまはがまんができなくなってきた。

十時ごろ、また司祭さまが、

「ポレンタを食べに帰るかね？」

ときくと、村人たちはとうとう、

「行きます。行きます」と答えて、やっと家に帰った。そして、美味しいポレンタを作って、大喜びで食べたってさ。

そういうわけで、それからもずっとポレンタを食べているということだ。


（抄訳・剣持）

以下の三話はナッツともトウモロコシとも関係ないが、食べ物の話として載せておく。

イタリアの昔話3　ソーセージの話

あるところに、男がいた。男は司祭さまのソーセージを盗んだ。そして司祭さまのところへ懺悔に行った。

「司祭さま、私はソーセージを盗みました。どうすべきでしょうか？」

「返しなさい」

「だれに？」

「おまえがソーセージを盗《と》った相手にきまっている」

「もし、その人が要らないといったら？」

「もし、要らないといったら、おまえがもらっておけばいいさ」

「ところで、司祭さま、あなたはそのソーセージが欲しいですか？」

「私は要らないよ」

「それじゃ、失礼します」

男は家に帰るとおかみさんに言った。

「司祭さまは、ソーセージは要らないとおっしゃった。だからこのソーセージは私たちのものだ。もらっておこう」


（訳・剣持）

イタリアの昔話４　食いしん坊の女料理人

大金持ちの男がいて、料理人の女を雇っていた。ある日、男は食事に客を二人よんでおいて女に命じた。

「鶏を二羽焼いてくれ、いつものようにうまくな」

鶏が焼き上がって、すっかり準備ができると、女は言った。

「なんて素敵な鶏だこと！　美味しそうだなあ！　我慢できないよ、手羽を一本、食べてやれ」

そして、本当に手羽を一本とった。

また、しばらくすると、女は言った。

「手羽が一本しかない鶏を出したら、どう思うかしら？　いいや、もう一本食べてしまおう！」

食べ終わると女は言った。

「手羽のない鶏を出したらなんて言われる？　いいや、まるごと食べてしまおう！」

そう言って、女は鶏を一羽全部食べてしまった。

だが、鶏はまだ一羽残っている。これがなんとも良い匂い、

「こっちも食べてしまいたいくらいだ」

そして、こっちも全部食べてしまった。もう何にも残っていない。

その時、ブザーが鳴った。最初の客が着いたのだ。女は空っぽのお鍋を手に取ると、玄関に行った。

「どなた？」

「私は……ご主人に食事によばれてきたのですが……」

「まあ！　お気の毒に！……さっさとお帰りになったほうがいいですよ。お願いですからお帰りくださ い。顔をお見せにならないで！　主人は頭がおかしくなってしまったのですよ！」

「頭がおかしくなった？」

「ええ、ええ、そうなんです。おかしくなってしまったのですよ！　ここに、よんでおいて、来た人の耳を両方とも切ってしまうと言うのですよ」

それを聞いた客は、慌てて階段を駆け降りて逃げて行ってしまった！

そのとき、主人は部屋にいてその音を聞いて、言った。

「だれだったのかね？　だれが玄関にいたのかね？」

「ああ、ご主人様も、ずいぶんご立派な方をおよびになったものですよ。私ができたばかりの鶏をもったまま出て行ったら、あの方が二つとも持って行ってしまったのですよ」

それを聞いた主人はあわてて窓から顔を出した。すると、客の男が両耳を押さえて逃げて行くところだった。

「おーい！　せめて一つだけでも置いて行ってくれー」

客の方は、主人がほんとうに耳をとる気だと思って、ふり返りもしないで逃げて行った。

そういうわけで、主人は客にも逃げられ、鶏も二羽ともなくして、がっくりとへたり込んでしまった。

（訳・剣持）

四章　食の国際化

洋風と中華風●主婦の外国料理

夫の収入で家族を養うことができる家庭が増え、娘が上級学校へ進学することを許す家庭が増えてきて、さらに、自らのために学びたい女性が増えてきた。そのような女性を育て、そのような女性が営む家庭は中流家庭といってよいだろう。経済的に豊かなだけではない、学ぶことに目覚めた女性が、文明開化の波に乗って、新しい食にも関心を示すようになった。

歴史的に見れば、その現象は明治維新以後徐々に進み、戦後さらに加速したようだ。

日本の食の西欧化は、ペリーの来航によって開国し、欧米人との体格の差を実感し、それが食べ物の違いによることを知った知識人たちが、積極的に肉食を受け入れたことに始まったよ

うである。これはまず、中流家庭に広まり、洋食という言葉が定着した。一方、ヨーロッパより食文化は進んでいたはずの中華料理は、中国がアヘン戦争などで英国に屈することで、蔑視されるようになり、取り入れられるのは遅れた。だが、やがて中国文化の底力を見せつけられて、とくに、敗戦後、日本は急速に中華料理を受け入れるようになった。

その流れは、私も成長とともに実感してきた。明治生まれの母が、女学校で英語教師をしていたことを特別なこととも思わず、その母による食卓の欧化をとくに疑いもせずに享受してきた私は、今度は自身でイタリアというヨーロッパの家庭料理に接して、逆に日本の特異さに目を開かれた。

一年間フィレンツェに滞在して実感したのだが、かの地には中華料理店が驚くほど多い。その分、イタリア料理店がつぶれたというわけだ。中華料理店はフィレンツェの役所が恐怖をいだくほど、一時期急速に増殖した時期があった。あまりの増殖ぶりにフィレンツェでは、中華麺の輸入を禁じ、おかげでフィレンツェの中華料理店の麺はスパゲッティを使わざるを得なくなった、と聞く。私も在伊中にスパゲッティの中華そばを食べたことが何度かあった。

また、私がフィレンツェにいたときも、息子が送ってくれた味噌の包みに、英語でSOY BEAN PASTEと書いてあったばかりに、パスタの複数形と受け取られ、送り返されてしまったという情けない笑い話もあった。

だが、イタリアで増殖した中華料理店で料理をしているのは中国人であって、イタリア人ではないだろう。中国人は開店に際して、故国から一族郎党を呼び寄せたと聞いた。

ましてや、イタリアの家庭で中華料理を日常的に作っているとは聞いたことがない。中華料理に限ったことではない。近年、外国人に日本料理が人気だといっても、それを日常的に家庭にまで取り入れているとは考えられない。

とくにアメリカには寿司屋をはじめとする日本料理店が増えたと聞く。だが、それらの日本料理は家庭にまで浸透しているだろうか？

一方、日本では中華料理店やイタリア料理店を日本人が経営し、料理も作っているのは珍しいことではないし、気に入った料理を家庭で試してみる人も少なくなさそうである。これは世界的に見て、驚くべき現象ではないか。その結果、日本の家庭料理はじつに国際的になっている。その味は、本国の人には、「ちょっと違う」と言われるかもしれない。それでも、これは特異なことだと思われる。

外国の料理を本格的に受け入れるには、食材にまで気を配らなくてはならない。一朝一夕にできることではないだろう。日本では長い年月をかけて牧畜を取り入れてきたし、洋野菜も栽培するようになってきた。それでも、完全に欧化してきたわけではないだろう。日本の洋食はあくまでも日本的な洋風料理で、日本人の口に合うものだけが生き残ってきた。

外国料理の日本化、むしろあっけらかんとした日本化こそが日本の食の特徴なのではないかと思う。

東洋軒のオムレツ●初めてのレストラン

小学校四年生か五年生の時、初めて父がレストランというところに連れて行ってくれた。津の広小路の岩田橋近くからちょっと西に入ったところだったと思う。《東洋軒》という名は今も覚えている。この津市の東洋軒は今や県外にも知られる有名店だそうだが、当時そんなことは何も知らなかった。ただ特別な店らしいということは感じていた。店構えはけっして派手ではなかったが、今まで来たことのない場所に来たという緊張感はあった。

連れて行かれたのは私一人だけだったから、父は子どもたちを大きくなった順に連れて行ってくれていたのかもしれない。ちょっとした贅沢だったのだろう。

どうして急にそんなことになったのか、私は理由もきかずに少し緊張してついて行った。

店内はそんなに広くはなかったが、私たちのほかに客は一組だけだったと記憶する。そんなことよりも、やはり食べたものの記憶の方が鮮やかだ。

とはいえ、食べたものをそれほど詳しくは覚えているわけではない。たいして品数が多かったわけではないだろう。私がはっきり覚えているのは、オムレツと付け合わせのネーブルだけである。

ネーブルは名前のとおり、へそのあるオレンジで、輪切りにして付け合わせてあった。あまり食べやすくはなかった。

それまで、柑橘類は温州みかんか夏みかんくらいしか知らなかったから、その香りには魅惑された。その後しばらくはだれかれになく吹聴していたと思う。だが、ネーブルを家で食べたのは戦後もだいぶ経ってからだった。もう、有難味より、種子を除くのが面倒臭いなという気持ちの方が強くなっていた。

戦後、世の中が落ち着いてきた頃から、どれだけ柑橘類が出てきたことか。甘くて食べやすいのが出回って、ネーブルの影は薄くなっていった。

最初に惹かれたのは、伊予柑であった。酸っぱくなくて、香りが良いのが魅力的だったが、まだ種子はあるのが当たり前であった。夏みかんは思っただけで唾が出てくるほど酸っぱかったから、もう、食べる気にはならなかった。甘夏も出ていたが、あまり魅力はなかった。香りに特徴がなかったからだろう。その次はハッサクだったたか、これは学生の頃、静岡の人に分けてもらって食べた。甘いというほどではなかったが、酸っぱいわけでもなく、さっぱりと美味しかった。

その後つぎつぎ、三宝柑、タンカン、清美オレンジ、ハルミオレンジとスーパーの棚から消えたり、また現れたりしている。ほかにも、高級そうなのが、棚に並ぶことがあったが、あまり食指をそそられるものはなかった。今のところデコポンが一番寿命が長いような気がする。選ぶ基準は、甘さだけでなく、種がないことと、内皮が柔らかいことと、なんとも年寄りじみてきている。

温州みかんも進化か変化か知らないが、甘くて、内皮が柔らかくて、種無しで、と要求はどこまでも、年寄り臭い。いや、子どもっぽいのか？　和歌山、静岡、などのみかんが産地を付して棚に並んでいるが、いったいどこが違うのか、食べ比べる気にもなれない。昔は有田が有名だったとか、三ケ日《みっかび》には昔の友人がいたと思い出して、ふと、手を出してみるが、どうしてもというほどの魅力はない。

温州みかんの内皮は柔らかくなる一方だが、それでも日持ちが考慮されてか、年を越して出荷されるみかんは、一般に内皮がかたくなってくるようである。そろそろ冬みかんは終わりかなと名残惜しい気持ちになってくる。

次は、夏柑の季節だ。新鮮な香りには誘われるが、また皮をむかなくては、と億劫でなくもない。

ネーブルもまだ無くなったわけではない。スーパーの棚に見つけては東洋軒の雰囲気を思い出している。

ここで、みかんの出てくる母の昔話を一つ。

母の昔話2　ちゃっくりかきみかん

ある日、果物売りの息子が親に言われて、お茶と栗と柿、それにみかんを売りに町に出た。人通りの多そうなところに来ると、息子は大声で呼ばわった。

「ちゃっくりかきみかん！　ちゃっくりかきみかん！」

だが、だれもたちどまってはくれなかった。しかたなく家に帰って報告すると、父親は言った。

「ばかだなあ。そんなにくつけて言ったらなんのことかわからん。一つ一つ別々に呼ぶのだよ」

そこで、息子はまた町に行って呼ばわった。

「ちゃ〜はちゃ〜でべーつべつ。くーりはくーりでべーつべつ。かーきはかーきでべーつべつ。みかんはみかんでベーつべつ」

それでもちっとも売れなかった。

この話は全国的に知られている笑い話であるが、みかんが入るのはほかに見当たらない。母はこれを、

「ちゃっくりかーきみーかん」と調子よく声をあげて聞かせてくれた。後に、みかんが入るのは珍しいと知ったが、聞きなれたせいか、みかんを入れる方が呼びやすいように思われた。

話が逸れたが、東洋軒のオムレツに戻る。

フランス料理の世界では、オムレツをちゃんと作ることができれば一人前だとか、そう聞く

こともあるがたしかに、オムレツを上手に作るのは簡単ではない。形だけは真似ても、及第点はもらえないだろう。見かけはかっちりしていても、中はふんわり柔らかくなくてはならない。それでも、主婦なら挑戦することはできる。

恰好良く作るには、卵は三つ、いや少なくとも二個使わなくてはならない。だが、ひところ、コレステロールのことを考えて、卵は一日一個以上食べるなと言われたことがあったが、まあ、この手のことにあまり振り回されない方がいいだろう。毎日オムレツを食べるわけではない。東洋軒のオムレツはプレーンオムレツだった。大きさから見て卵は三つくらい使ってあったような気がする。

オムレツはプレーンだけでなく、中に具をいれることも流行りだした。挽肉と、タマネギや人参などの野菜である。これなら卵をたくさん使わなくても形は整えられる。主婦感覚かもしれない。

中身にチキンライスを入れたオムライスなんてものも出現した。これは日本で考案し、結構好まれて広まったと思われる。そもそも、チキンライスというのも和製洋食だ。

最近、ふわふわ卵のオムライスなどと銘打って、盛りつけたケチャップライスに柔らかいスクランブルエッグ風の卵をかぶせ、デミグラスソースをかけるオムライスが流行り出した。こちらの方が本場風とでもいうつもりか。誤解も甚だしい。オムライスの本場はけっして西洋ではない。洋風の日本食に過ぎない。そして、それを美味しいと思って食べてきたのだ。それとも、もうこれは年寄りの繰り言になってしまったのだろうか？

母の中華料理●幻の酢豚

戦後、まだ津の町に中華料理店なんてなかった頃、なんでもやってみたい母は中華料理にも挑戦した。情報源は婦人雑誌だった。

まず最初に挑戦したのは餃子だった。粉をこねて延ばすところから始めた。細かいところは見ていないが、皮で包む中身は覚えている。肉が高価だったせいか、ちょっと変わったことをしてみたかったのか、母が中身に選んだのは、鯵であった。新鮮な鯵が手に入ったから、焼いてほぐして具にしたのだが、それなりに美味しかった。シュウマイもやはり皮を手作りして中身は鯵だったと思う。一度限りの実験だったかもしれない。

麺も試していたが、中華麺など市販されていなかったから、ラーメンやヤキソバは作らなかったようである。その代わりというか、ジャージャー麺は少なくとも三回は食べた覚えがある。中華麺ではなく、当時も売っていた細めの平たい乾麺を使ったようだ。

茹でた麺に胡瓜の千切りと挽肉入りの味噌だれをかけたのだが、この料理に限っては黒味噌が合うと感心した。

また、ご飯を炒めて、タマネギや肉の炒めたものと合わせ、卵をからめたチャーハンらしきものを〈炒めご飯〉と称してよく食べさせてくれた。

ほかに母の中華料理で秀逸だったのは、酢豚であった。本格的な酢豚ではなく、何だか知らないけど美味しいというものである。

私は高校を出た後、二年間津市の中部電力に勤めたあと進学のために東京に出たのだが、一年生の正月休みに帰省したとき、元の同僚が男女数人でわが家へ来てくれた。その頃、トランプ遊びの〈ナポレオン〉というゲームが、会社の仲間内で流行っていて、遊び足りないまま私が退職したものだから、その日もその続きをやろうという暗黙の了解のうちに集ったのだった。昼食を挟んで、飽きもせず暗くなるまで遊んだ。〈ナポレオン〉は最近あまり耳にしないが、トランプ遊びの中ではかなり面白いものだと思う。数人から十人以内で、ナポレオン軍と連合軍に分かれて絵札を取り合うのだが、個人ゲームではなく、隠れた副官と協力して絵札を集めるのだ。配られた札から考えて勝てそうだと思った者がナポレオンになることを宣言し、副官を指名する。副官はナポレオンが勝利できる有効な札をもつ者であるが、だれが持っているか、つまり、だれが協力者であるかわからないままゲームが進む。ナポレオンを宣言した者と隠れ副官が獲得した札を合わせて宣言した枚数を集めることができれば、ナポレオン軍の勝利である。

なかなか面白くて健全なゲームであった。

昼食は母が作ってくれるということになっていた。一流会社の社員たちだし、私も年頃だったから、母にはなんらかの魂胆があったか、ただ好きで料理を作ったのかはわからないが、なんだかずいぶんご馳走してくれたようだった。県庁所在地だとはいえ、当時は中華料理店などなかったし、凝った料理など作る家はそうはなかっただろう。しかも、お正月だというのに、母が出したのは伝統的な正月料理などというものではなかった。大方は忘れてしまったが、一つだけ、とくに記憶に残る料理があった。今まで食べたことのない味、だが、魅力充分の味がした。

あとで、母にきいて見ると、あれは酢豚だという。私はその頃、学校で酢豚の味はおぼえていたから、ちょっと驚いた。まるで違っていて、だが、本格的な酢豚より気に入った。どう違ったか、一つは角切りの肉を使うところを薄切り肉を使っていた。その肉に片栗粉をまぶして揚げてあった。タマネギ、人参、筍《たけのこ》、椎茸など、材料はたしかに酢豚らしかった。だが、甘酢あんがあまり甘過ぎず、酸っぱ過ぎなかった。もうそれだけで正統派の酢豚とは違ったものになっていたのだ。しかもその方が、美味しかった。つまり、それまで天ぷらのように溶かした小麦粉をつけて揚げたものには慣れていても、甘酢味にも、片栗粉をまぶして揚げた肉にもなじみがなかったのだ。新しい味だった。

それ以後、母は中華風の本格的な酢豚を知ったせいか、二度と作らなかったが、あの時の母の味が気に入っていた私は、かといって、自分で再現する機会もなく、思い出のなかだけの酢豚に操をたてて、外で中華料理店に入る機会はあっても酢豚を注文することはなかった。

老人ホームの食事●この国際的献立！

私の入居している老人ホームの食事もかなり国際化が進んでいる。家庭より個人の好みに偏らない分、老人ホームの献立は一層バラエティに富んでいるといえよう。さらに入居者の希望に応えようという、栄養士をはじめとする厨房のスタッフの工夫の跡がうかがわれる。老人ホームはどこでもそうなのか、それは知らない。また、同様に集団給食である病院食はどうであろう。私もいくつかの病院に入院したことがあるが、退院してからかなり経つので、最近のことを責任持って報告することはできない。だが、印象として、病院より老人ホームの方が充実している。少なくとも、今私の入居している老人ホームは、ここのところ進歩著しい。栄養士や料理長はじめがんばっているという印象はある。

入居して十年になるが、最近になって、毎食、感想や要望を伝えるようになった。苦言であることもあるが、できるだけ褒めようと努力している。それを受け止めてくれている厨房のスタッフに感謝している。今のスタッフにはそれだけの力があると信頼している。

ともあれ、私が暮らしている老人ホームでどんな料理が供されているか、少し詳しく紹介しよう。

朝食

朝食に洋食を選べば、パン、コーヒー（または紅茶）のほかに、牛乳かヨーグルトがつく。これも選べる。パンは週に六日は食パンだが、焼くか焼かないかは選べる。マーガリンとジャムがつくが、私はそれらに飽きて、こんがり焼いた食パンに何も付けずに食べている。これはまだ、飽きない。さらに週に一回はバタロール、クロワッサンなどと変化がつく。

おかずを詳しく紹介しよう。和食風にいえば一汁三菜であるが、主食がパンの場合、基本的にはおかずも洋風である。

和食を選べば、ご飯またはお粥に味噌汁、主菜は和風にアレンジされている。

〈一汁〉

コンソメスープまたはポタージュ。日替わりである。

●コンソメスープといっても、かなり具は多い。葉物や芋類など。ポタージュはカボチャ、ジャガ芋、コーン、グリーンピースなど。

〈主菜〉

A、具だくさんのスープか煮物、卵料理など。

スープと重なるようだが、メインディッシュ扱いである。

●クラムチャウダー（またはクリームシチュウ）

クラムとはハマグリのことだが、実際にはアサリが用いられる。このクラムチャウダーが普及したのは戦後かなり早い時期であった。多分、学校給食が先駆けて採用したのではないか？　貝とタマネギ、ジャガ芋、人参といった根菜のクリームスープである。シチュウほどこってりしていない。アメリカから入ってきたといわれる。

●ポークビーンズ

アメリカの家庭料理。学校給食の定番でもある。豚肉に大豆とジャガ芋、タマネギ、人参などのトマト煮である。はじめのうちケチャップが使われた。その後大豆の水煮缶やトマトの缶詰が普及して、家庭でも簡単に作れるようになった。

●ミネストローネ

イタリアの家庭料理。根菜や豆など具だくさんのスープである。豆はインゲン豆のことが多いが、日本に入ってから、大豆も使われ、限りなくポークビーンズに近くなっている。長トマトの缶詰が輸入されて普及した。

●ポトフ

フランスの家庭料理。大切りの根菜やキャベツなどの野菜やベーコンやソーセージを煮込んだ具だくさんの塩ベースのスープである。

B、炒め物、煮物。和洋中華いろいろ。

とくに名のつかない国籍不明の料理が多いが、これは日本の家庭料理の特徴でもあろう。名前のつくところで、次の二品を挙げる。

●ジャーマンポテト

ドイツの家庭料理で、ジャガ芋やタマネギとベーコンなどを炒めた一皿である。

●ロールキャベツ

由来については諸説あるが、いずれにしろかなり早い段階で西洋から入ってきた料理である。とろとろに煮込んで柔らかくなってこそ美味しい。

●卵料理

プレーンオムレツ、スパニッシュオムレツ、スクランブルエッグ、巣ごもり卵、温泉卵など。温泉卵は市販されているものを利用しているようだが、これが意外に好まれている。

●豆腐料理

チャンプルー、炒り豆腐、あんかけ豆腐など和洋混在。

〈副菜〉

●サラダ各種

ジャガ芋、タマネギ、人参、トマト、胡瓜、ブロッコリー、カリフラワー、アスパラガス、パプリカ。ズッキーニ、ハム、ツナ、スモークサーモン、貝柱など、なんでもサラダにしてしまう。材料だけでなく、ドレッシングも多彩である。マヨネーズにフレンチ、オーロラソース、ゴママヨ、イタリアンなど適当に名づけられて和洋中華、よりどりみどりの感がある。

中華風のサラダは涼拌三絲《リャンバンサンスー》（中華風三色和え物）、韓国風ナムルなど。

キャベツの千切りにハムなどを加えて、コールスローサラダなどとしゃれた名をつけて出される。

ファミレスや居酒屋などで、例えばシーザーサラダなどという、チーズの入ったサラダも覚えたが、そういった、新しそうなドレッシングも、老人ホームでは簡単に取り入れられていて、ますます国際化の傾向は強くなっている。

特筆すべきは、ゴボウサラダであろう。数十年前、私はなにかの会合でこの新しい味に出合った。ごぼうなどという日本以外であまり食べられていそうもない野菜をマヨネーズで和えるなど、だれが思いついたのだろう。これが意外にいけることを知った。その後、あちこちの　やや庶民的なパーティでも頻繁にお目にかかるようになった。さすがに、本格的な洋風のパーティではまだ見ない。これは和洋折衷のすぐれものといえるのではないか？

私が現役の主婦をやっていた頃は、スーパーのドレッシングの棚はそれほどで賑やかではなかった。しかも、私にはまだ手作りにこだわるプライドが残っていて、市販のドレッシングはあまり買ったことがなかったが、今の若い人にはそういうプライドは無縁らしい。

今、老人ホームでは、ほかの献立にもかなり市販品を使っている。私の若い頃は、人工着色料とか、防腐剤とか気にしたものだが、今の若い人はそれもあまり気にならないようだ。というより、かつて人工着色料排斥運動が盛んだったおかげで、問題は改善されたということか？　そこまで、楽観できるか？

ホームで供された料理を評価するとき、私などは、まず、それが手作りか市販品かを気にするが、今の人たちにはそんなことは気にならないようで「美味しければ良い」ということらしい。この傾向には降参だ。

●和風和え物

パンにも、和風、または国籍不明の和え物や炒め物もつく。名前などつかなくてもなんでも和えてしまえば一品になる。家庭料理の特徴だろう。生椎茸、エノキダケ、シメジなどきのこがさまざまな味付けで供される。意外に美味しい。

●デザート

果物は生果物だけでなく、缶詰のコンポートも多い。サツマ芋とリンゴの甘煮やカボチャとレーズンの甘煮などは栄養士業界の定番の一皿である。また、チャーハンなど中華料理には杏仁豆腐がつく。カレーライスなど洋風料理にはフルーツのヨーグルト和えが定番だ。

昼食と夕食

七、十七、二十七と七のつく日の昼食は、それぞれ寿司（ほとんどちらし寿司）、天ぷら、刺し身と決まっており、また、毎月一日の昼食はご馳走の日になっていて、料理長が腕をふるう。松花堂弁当の形で供されるが、せっかくのご馳走も、「そこらの出来合いの料理をもってきて並べただけでしょ」と言う張り合いのない男性もいて、「とんでもない、料理長が腕によりをかけて作った料理ですよ」と料理長の肩を持って、けしからぬ男性を諫《いさ》めることになる。一般に、女性より男性の方が料理に無頓着のようであるが、それは本来的な資質の違いではないだろう。和食にしても洋食にしてもプロには男性が多いのである。家庭では奥さんに寄り掛かっていたのであろう。若い人で料理をする男性が増えてきたことは頼もしい。子どもの時に仕込まれなかったからと親のせいにしてはいけない。その気になれば大人になってからでもできることなのである。ただし、親は食べさせるだけはちゃんと食べさせておいた方がいいかもしれない。

話を戻そう。

昼食には行事食も出る。正月料理に始まって、七草粥、節分の恵方巻き（丸ごとではなく切ってあるが）、など。締めはクリスマスディナーである。いつもより皿数も多く、手も込んでいる。大方の行事食はさすがに和食であるが、クリスマスディナーは完全に洋食であり、料理長の腕の振るい所である。

普段の食事に戻る。

基本的には一汁三菜で、主菜は、昼と夕、魚と肉が、ほぼ交互に使われる。魚は焼く、煮る、蒸す、揚げるなどいろいろ工夫されているが、その工夫は魚の臭みをとることと、味をしっかりつけることに向けられる。難しいのによく頑張っていると思う。

一般に年寄りはなじみのある魚を求めがちであるが、最近は、昔は見なかったような魚が多い。ギンダラ、ギンムツ（メロ）、カラスカレイなど、大型深海魚が多い。大型ゆえに、骨を避けやすく使いやすい面はあるが、特有の臭みがあり、そのために嫌われがちでもある。ただ、柔らかいからと好む人もいて、難しい。

なじみのある鮭、ブリ、サワラなども、身を柔らかくする工夫はなされているようで、その苦労は、私には痛いほど伝わってくるが、みんなの評価は厳しい。また、サバ、サンマなど、青魚の臭みも問題である。サバは味噌煮、サンマは塩焼きが一般的であろうが、ネギや生姜を使ってもサバは生臭い。鮮度の問題でもあろう。海辺に育った私の評価は厳しいかもしれない。サンマは骨があって、老人には危険と見なされているが、なんと、いったん、身を開いて骨を抜き、もう一度合わせるという作業が、流通の過程で行われているようで、これでは鮮度が落ちるわけである。というわけで、めったにサンマは出ないが、たまに、サンマを蒲焼きにするなど手をかけて供されると、私などはその涙ぐましい努力に涙が出そうになる。

特記しておきたいことがある。今春入った男性調理師は魚料理がうまい。海辺育ちの私にもかなり満足度の高い味付けをしてくれる。やはりできないことではなかったのだ。

それでもいやがって、魚を拒否する女性もいるが、作る側としてはバランスを考えて魚を使わないわけにはいかない。とくに青魚は身体に良いことはわかっている。それに、肉がいやだという人も結構いるのである。「施設に入るからには、それなりの覚悟をしろ」と、大きな声では言えないが、じつは言いたい。自慢じゃないが、（すでに書いたが）私は二十歳にして、学生寮というわがままのきかない集団生活に入るに際して、「もう、大人なのだから」と覚悟したものだ。損するのは自分なのだ。「どうしてそんなことがわからないのか！」と、本当は言いたいのを我慢している。

献立に戻る。

昼食には最近、丼物や皿物が増えてきている。希望者がいるということだろう。じつは私もその一人で、何度かリクエストもしている。それらを含めて、昼、夕食にどのようなものが供されているか、次に並べる。

●肉料理

ハンバーグ、ミートローフ、つくねなど挽肉料理のほかに、酢豚や、生姜焼きなど、さまざまな味付けの料理（もっとも食べやすいように薄く、さらに小さく切ってある）。

●丼物

カツ丼、天丼、親子丼、鉄火丼、ネギトロ丼などの和風。そして、中華風の天津丼や旨煮丼。

●麺類（汁物）

うどんやそばもたまに出るが、これはあまり多彩とは言えない。素麺は伸びることを心配するらしくなかなか出てこないが、温かいにゅうめんは私のリクエストに応えて、たまに出してくれる。ただ、にゅうめんを知らない人が多く、少々気がとがめる。最近、初めてラーメンが出た。ややさっぱり系だが、評価は悪くはなかった。

●皿物

カレーライス、ハヤシライス、チャーハン、ピラフ。ヤキソバ、スパゲッティ、冷やし中華など。洋風と中華風がある。

ほかに、夕食には、おでんや、鍋もの（水炊き、すき焼きなど）、ただし、鍋ではなく深皿盛りで供される。

●肉ジャガ

味は悪くはない。だが、最近、煮物の類いはすべて市販の麺つゆを使うと聞いた。少々鼻白むが、ダシの素が当たり前に使われる時代だ。若い人には特別のことではないのかもしれない。出し汁一つとっても、私の生涯の中での変化は大きいといえよう。

料理長や栄養士は郷土料理にもこだわりを見せている。例えば、青森や北海道の郷土料理、「ちゃんちゃん焼き」。わかる人は少なかったと見えて、次からは、「鮭と野菜の味噌バター焼き」と名称が変更された。また、もう少し知名度が高そうな「治部煮《じぶに》」は魚や肉にとろみをつけた金沢の郷土料理である。吉野煮と名がつくこともあるが、要するに葛が用いられていると いうことである。おろし煮などと、大根おろしも多用される。最近、横須賀海軍カレー、沖縄の人参シリシリも追加され、今後も工夫があるようで楽しみである。

鯵の南蛮漬けというのもある。名前の由来は諸説あるが、一般に、ポルトガルなど南欧から入ってきた料理とされ、鯵を唐揚げして、甘酢味の野菜あんをかける。戦後かなり早くから、料理番組などでも紹介されてきた料理である。

萩ご飯というのもあった。小豆と銀杏を炊き込んだ料理で萩市の郷土料理だそうである。これは初めて知った。

郷土料理ではないが、魚の幽庵《ゆうあん》焼きというのがよく出る。これは料理に関心を持つものには定番の魚料理で、ユズの香りをつけた照焼き料理である。江戸時代の茶人の名をとったそうだが、一般的にはあまり知られてはいない。ここでも、献立表を見た人が「幽霊焼きってなに?」と聞いたことがあるが、あまり大きな声で笑うことはできない。

老人たちは、本当はなじみのある、家庭的な料理を求めているのだと料理長に言ったことがある。例えば、ぬた、白あえ、切り干し大根やヒジキの煮物、五目豆、卯の花（おから）の煮物、それに里芋の煮っ転がしなどを、美味しく作って欲しいと注文した。肉ジャガはだいたい美味しいがとくに、卯の花を味良く作るのは難しい。これこそ科学的な味付けが役に立つと、栄養士にも少し先輩風をふかして頼んだことがある。酢の物もよく出るが、これがなかなか難しい。酸っぱ過ぎたり、甘過ぎたり、難しいとは思うが、それを究めるのがプロだと思う。マイルドな酢に替えてみるということなので楽しみである。

それらの家庭の味を究めることに異存はなかったようだが、料理長はこう付け加えた。

「それでも、しゃれた料理を加えたい」

だが、料理長のいうしゃれた料理とは、しゃれた名前を付けることだけではなく、例えばしゃれた材料を使いたいということであり、それは、例えば、ズッキーニを使ってみたかったということであるらしい。だが、実際に料理に使われたズッキーニは、だれにもズッキーニとは認めてもらえず、胡瓜と区別がつかなかったのだ。しゃれとは、それがわかる人がいてこそ生きるものなのだと言いたいのである。

最近のことだが、天ぷらの揚げたてを食べさせたいという料理長の申し出で、各階で揚げるという試みがあった。なるほど、プロの揚げたての味は格別に美味しかった。

入居中のホームの食事

8月1日（火）ご馳走の日・昼食
梅ご飯／柚子風味のお吸物／ポークメダイヨンのグリル／海老とポテトのカレーサラダ／うざく／スイカのゼリー寄せ

この日、料理長は特別に張り切って腕を振るいます。器は和の松花堂ですが、中身は和洋折衷。

7月7日（火）昼食
ご飯／すまし汁／赤魚の西京焼／魚河岸揚げとかぶの煮物／おくらの梅肉和え／果物（スイカ）

スイカ割りでは、大切りのスイカを食べましたが、中にはちょっと無理な人もいるので、いつもはこんな風に小さく切って出されます。

9月9日（土）朝食
食パン／コーヒー／コンソメスープ／ジャガ芋とウインナーのソテー／スパゲッティサラダ／果物（黄桃缶）

コーヒーか紅茶はあくまでも希望者だけ。私は砂糖抜きでは飲めないのでパスしています。

9月2日（土）昼食
ご飯／澄まし汁／鮭のちゃんちゃん焼き／卵豆腐／おくらのおかか和え／果物（梨）

時々各地の郷土料理が出ます。ちゃんちゃん焼きは北海道や青森の郷土料理ですが、一般にはそんなに知られているわけではなさそうです。

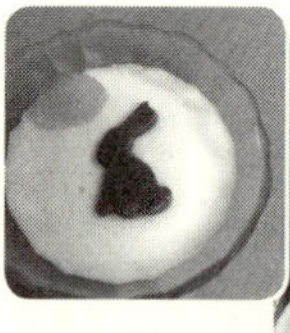

9月16日（土）お月見おやつ

おやつは市販品も多いけれど、ときには手作りで楽しませてくれます。

9月16日（土）夕食
ご飯／味噌汁／サンマの塩焼き／がんもと里芋の含め煮／水菜と白菜のサラダ

サンマだけでなく、魚はいつも骨抜き。老人相手だから仕方がないけど、中には「骨付きの魚が食べたい」と言う人もいて、むずかしいです。

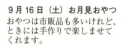

９月 18 日（月／敬老の日）おやつ
錬り切り２種
目下減量中で遠慮したけど、食べたかった！　こういうものが好きだから減らないのでしょうね。紅白です。

９月 18 日（月／敬老の日）昼食
お赤飯／錦糸卵のすまし汁／金目鯛の煮付け／炊き合わせ／柿なます／果物（いちじく）
行事食はマメに作って楽しませてくれます。さすがに（和）一色でした。

９月 27 日（水）夕食
ご飯／みそ汁／肉じゃが／きのこのバターソテー／小松菜しらす和え
副菜的でも肉じゃがは主菜扱い。食べやすくてひそかに人気です。

９月 20 日（水）昼食
かにチャーハン／中華スープ／焼売／大根サラダ／フルーツヨーグルト
チャーハンを美味しく仕上げるのは案外難しいけれど、今回はとても美味しかった。今回は満点。

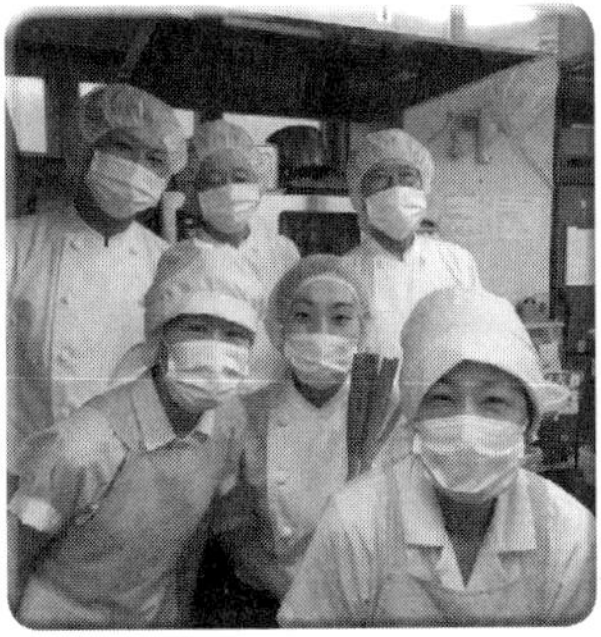

（右）管理栄養士
山野井春佳さん
彼女は利用者の意見もよく聞きながら、工夫もして頑張っています。私との関係も良好だと思っています。頑張れ、栄養士！

（左）厨房のメンバー
皆さん恥ずかしがってマスクをはずしてくれませんでした。後列中央、うつむいているのが料理長のようです。いつもは決して恥ずかしがるような人ではありません。

三時のおやつ

毎日三時にはラジオ体操のあと、おやつが出る。

煎餅、饅頭、シュークリーム、クッキー、などの市販品のほかは手作りの、フルーツゼリー、コーヒーゼリー、ババロア、プリンなど、である。

以上、ざっと眺めて、あらためてその多彩さには感心する。これらは老人ホームに特有の傾向ではないかもしれない。日本の食生活の一面を代表しているともいえるのだろう。

「歯無しにならない話」●歯医者さんの実践録

大事なことなので書いておきたい。老人ホームには歯で苦労している人が多い。せっかくの料理も、入れ歯では味わいが違うだろう。その入れ歯もうまく合わなくて料理を楽しめない人が多いようだ。長寿もこれでは台無しだ。

ありがたいことに、私は今のところ歯は大丈夫である。生まれつき骨の丈夫な人もいるらしいが、私は良い歯医者さんに出会ったということだ。

今から三十年以上も前のこと、朝日新聞の日曜版に「歯無しにならない話」というコラムが連載された。何か月も続いた連載であった。筆者は大阪の河内のあたりの歯医者さんで、歯磨きだけで重症の歯槽膿漏を治したという実践録であった。「こういう歯医者さんが近くにいてくれるといいな」と夢のように思ったものだが、なんと、それから十年も経たずして、当時住んでいた同じ団地の新しい歯医者さんがそういう歯医者さんだということがわかったのである。もう少し早ければ、おそらく一本も失わずにすんだかもしれない。今は二十八本のうち二十四本残っている。何年も前、八〇二〇運動ということがよく聞かれたが、これは八十歳で二十本歯が残るようにという運動である。私はなんとかクリアしたことになる。

あるとき、金属がかぶせてあった奥歯が痛んで、歯医者さんに行くと、「ここまで来ると、こういう方法しかありません」と見せられたパンフレットを見て、驚いた。

「先生、この話、いつか新聞で読みました。こういう先生を探していたのです」

「それなら話は早い」

と、さっそく歯磨き指導がはじまった。

最初の診断で、すでに四本は救えないかもしれないと言われた。なんとか後は持たせましょう、ということになった。まず、歯石をとり、以後は歯石のたまらない歯磨きを指導されることになった。菌のウヨウヨ泳いでいるモニターを見せられながら説明を聞いた。それから週に何度も通うことになった。歯の表面は磨き過ぎてはいけない、歯と歯の間を徹底的に掃除する。一回に十五分から三十分くらい丁寧に、磨くというより掃除する。歯茎を痛めないように、歯ブラシも柔らかいものからだんだんかたくしていく、等々。毎食後と寝る前、かなり難しいことではあったが、できるだけそれに近づける努力を続けた。歯磨き粉は歯を削り過ぎるから使わない。だから、洗面所でなくてもできる。朝は朝刊を読みながら、夜は夕刊を読みながら、またテレビを見ながら。できるだけ頑張ってみた。

働き盛りには無理かもしれない。私は幸い家で仕事をしていたので、頑張ればできた。それでも、先生は、本気なら、勤務先でも出張先でもできないことはない、と厳しかった。社会全体が健全な歯の大切さに気づくようになれば不可能なことではないだろう。

私は途中、骨折で入院することがあって挫折しそうになりながらも、なんとか頑張って、目下、食べることには苦労していない。

先頃、テレビでこの歯磨き療法のドキュメンタリー番組を見た。山形県の酒田市の事例だったと記憶する。この方法は、実行する方も大変だが、じつは指導する歯医者さんも大変らしい。歯医者は治療するところだと思い込んでいて、せっぱ詰まってから歯医者にかかるから、七面倒くさい歯磨き指導なんて、てんで受け付けない患者が多いそうだ。そんな状況の中で、家族ごと抱え込んで指導を続け、やっと一定数の理解者と実行者を増やして効果をあげるのに、二十年かかったとその歯科医は述懐していた。

今のところ、歯磨き指導には保険が効かない。このこともネックになっているようだが、一生のコストを考えると、けっして高くはない上に、年をとっても美味しく食べることができる。

私も、もっと早くに知れば一本も歯を失うことなく、もっと食事が楽しめただろうと思う。

B級グルメ●究極の国際的日本食

高度成長期に歳を重ねてきた私たちは、旅先のホテルや旅館の料理にも、あるいは結婚式や各種パーティの料理にも、多様化、高級化されるのに付き合ってきた。だが、記憶に残る料理がどれほどあったか？　料理が多様化されるほど、それぞれの記憶は希薄になっている。少なくともそれらの会席料理を家庭料理に取り入れたいという気にはなれない。これは、やはり日常食とは一線を画するハレの食事である。

一方、日本でB級グルメと呼ばれるものが人気を呼ぶようになって久しい。庶民的な味は、いまや日常食になっているともいえよう。スパゲッティ・ナポリタン、ソースヤキソバ、餃子etc。じつは私も隠れファンである。いや、今や隠したりはしていない。むしろ公言している。料亭の本格的な和食にしろ、本格的なフレンチにしろ、下手な素人が真似してもなかなか良い味は出ない。むしろ、B級グルメこそ究極の庶民的、かつ国際的日本食であると言ってもいいような気がする。

ここに挙げるものは、おそらくほんの一部であろう。カレーライスやラーメンなどもB級グルメと言うのかもしれないが、この二つはほかの箇所でとりあげた。また、豚カツやフライなどの揚げ物や炒め物など、洋風あるいは中華風ではあるがあえて西洋料理とも中華料理とも言わない庶民的な料理も多いが、これらはすっかり家庭にも根付いていて、B級グルメとも言わないようなので割愛する。

スパゲッティ・ナポリタン

おそらく日本国中に広まった料理だろう。ナポリタンとはいっても、本場のナポリとは関係ない。太めで柔らかい麺、味付けはケチャップである。横浜のニューグランドホテルで考案されたとも聞く。今も喫茶店で供されることが多いらしい。この老人ホームで時に供されるナポリタンも結構私好みである。

その後、スパゲッティにはミートソースやミートボールなども出てきたが、ナポリタンほど広まらなかった。ナポリタンは、カレーライスほどではないにしても、まさに日本の食べ物になっているような気がする。ミートソースは、ボロネーゼというイタリア料理に近いが、ミートボールはアメリカ由来ではないか？　フランシスという女の子を主人公にした、そんなアメリカの絵本があった（ラッセル・ホーバン『フランシスのスパゲッティ・ミートボール』）。

さすがに日本でも、イタリア料理店にはナポリタンはない。

私は一年間イタリアのフィレンツェに滞在した折り、スパゲッティも気になって、各地で食べてみた。日本ではアルデンテとうるさいが、日本のアルデンテはちょっとかた過ぎないかと気になっていた。アルデンテとは直訳すれば〈歯に〉ということで、噛みごたえがあるというぐらいの意味である。ただかたければいいというものではなく、茹で過ぎを警告しているに過ぎない。本場ではそんなにかたいスパゲッティに出会ったことはない。なにごともほどほどが望ましいのである。イタリア料理店が増え、本格的なスパゲッティを食べる機会も増えたが、ひそかに、柔らかくてケチャップ味のナポリタンを懐かしんでいる人も多いのではないか。

ソースヤキソバ

洋風とも中華風ともいえないまさにB級グルメの代表的な料理である。お祭りの定番でもある。何十年も団地住まいをしている間、子ども会や自治会の役員を仰せつかったり、自主的に子ども文庫活動に携わったりしていたが、そういう活動に付き物なのが、盆踊りと屋台であった。屋台の中で一番人気なのがソースヤキソバである。近年、ヤキソバ用のソースも市販されるようになって、ヤキソバはただの主婦にも、またちょっとやる気のある男性にも難しい仕事ではない。屋台ではもっとも売れ筋で、焼鳥やおでんには負けていなかったと思う。

このソースヤキソバは普通の店ではまず食べることはできない。中華そばを使うとはいえ、けっして中華料理ではないし、和食でもないのだ。れっきとしたB級グルメなのである。団地から出てきた今は、老人ホームの夏祭りが頼みの綱である。先日久しぶりにお好み焼き屋に入ったら、メニューにソースヤキソバがあった。なるほど、そっちの系統かと納得したが、その時はせっかくなので、お好み焼きを優先した。

ソースヤキソバは毎年、年を越すために滞在する河口湖の帰り道に寄る富士花鳥園にも存在することがわかった。花鳥園は巨大な温室である。花はベゴニアが主体、鳥はほとんどがフクロウである。温室の中にはテーブルと椅子が配置され、ソースヤキソバ、うどん、そばなど数軒の店が並ぶ。セルフサービスであるところもいかにもB級グルメらしい。そういえば、花鳥園は富士宮市なのであった。どうやらかの有名な〈富士宮やきそば〉の本場らしい。

最初に食べた年、ここのソースヤキソバは美味しいと思った。ところが二年目には塩分がきついと感じた。三年目はあきらめて、花鳥園に寄らなかった。これではまるでソースヤキソバが目的で花鳥園に寄るみたいだ。半分は当たっていた。ところが四年目、今度はまた美味しくなっていた。経営者が替わったのか、それとも、世の減塩傾向に同調したのか、さて、来年はどうしよう、「花鳥園に寄るか寄らないか、それが問題だ」。

などと言っているうち、どうやら町なかにもソースヤキソバを扱う店が増殖しているらしい。昨日（九月十六日）のことだが、新横浜ビル、キュービックプラザの三階の混雑する中を息子に押してもらって車椅子で移動する際、ちらっと目に入った。たこ焼きを売る店のようだった。

そういえば、たこ焼きだってB級グルメか？　この店は和食のファストフードに分類されているらしかったが。

餃子

本格的な餃子の初体験は、学生時代、巣鴨の町の小さな中華料理屋の一皿であった。中華料理屋の餃子は、熱々で美味しかったが、じつは中身がいたって少なく、あれは熱い皮と油の味だったのだろうか。その後、世の中が豊かになるにつれ、中身も豊富になり、かえって魅力を失ってきたような気がする。

餃子は、学校の実習では皮から製作した。当時、皮など市販してはいなかった。強力粉をこねてまるめ、短い麺棒で一枚ずつ丸く延ばして作った。卒業後、一度試したが、力は要るし、時間はかかるしで、その後、皮が市販されるまで作ることはなかった。市販の皮を利用するようになってからは、私のレパートリーの中で、かなりの地位を占めるようになったが、家庭料理となると、味だけでなく、つい栄養を重んじてしまう。豚の挽肉に椎茸や野菜を混ぜるのだが、野菜はニラのほかに冬は白菜、夏はキャベツを使った。ニンニクも効かせた。中身たっぷりな上に、すべてを焼きたてで供することは難しく、あの、中身の乏しかった、そして、おそらくそれゆえに美味しいと感じた、町の中華料理屋の熱々の味には遠いものになっていたような気がした。

昔話研究会の指導をしてくださっていた小澤俊夫先生は、かの、有名な指揮者小澤征爾氏のお兄さんでもあるが、その小澤四兄弟が中国育ちであることはよく知られたことである。

あるとき、先生はお母様の北京仕込みの餃子指南に誘ってくださった。研究会の仲間数人で、先生のお宅に隣接したお母様の家で、材料の仕込みから実習した。皮で包む作業には、先生も加わり、「昔はこうやって兄弟で手伝ったものだ」と懐かしそうに手を動かしておられた。

さて、本場仕込みという餃子製作に加わり、しっかり味わうことも叶ったのだが、なんのことはない、材料も、作り方も、そしてできあがりも、私の日頃のそれと変わったところはなかった。私は私なりに究めていたということだったのだろう。巣鴨で初めて出会った中身の乏しい熱々の餃子は、やはり、思い出の味に過ぎないのかもしれない。

バカボンの父ではないが、「これでいいのだ！」。

コロッケ

「……今日もコロッケ明日もコロッケ」など、コロッケの歌がいくつもあるらしい。とくに、肉屋で揚げながら売っている「肉屋のコロッケ」が人気である。

亡夫が最初に就職したのは東京の中学校であった。校区内に下宿して自炊していて、まさに「今日もコロッケ明日もコロッケ」状態であったらしい。肉屋で買っている姿が見つかって、中学生たちに、たちまち「コロッケ先生」というニックネームを頂戴した。

結婚する頃は校区を離れ、給食のある定時制高校に移っていたから、肉屋のコロッケとは縁が切れていたらしい。

私は結婚後まもなく、そのニックネームのことを聞かされた。

夫がコロッケ好きなことはわかったが、かといって毎日肉屋に頼る気にはなれなかった。私の栄養士としてのプライドが邪魔をした。

コロッケは、じつはなかなか手のかかる料理なのである。ジャガ芋を茹でて潰して冷ましてから丸め、パン粉をつけて揚げる。肉屋のコロッケにはその中に挽肉が入っていたりいなかったりした。肉が入っているから美味しいというものではなさそうだった。ラード、つまり、豚肉についている分厚い脂肉を捨てずに溶かして揚げ油として使う。肉屋ならではのコロッケの秘密はここにあると睨んでいた。

私はプライドをかけて挑戦したが、夫が至上とする肉屋のコロッケを越えることは難しかった。炒めたタマネギと挽肉、それに牛乳まで入れてみたが、どうやら無駄な努力であったらしい。ラードを溶かして揚げ油として使ってみようかとも思ったが、あのコレステロールの塊のようなラードを想像すると気が萎えた。

私はあっさり白旗を揚げた。肉屋のコロッケが好きなら、私としては手抜きの立派な口実ができたわけだから、大きな顔をして手抜きをさせてもらえばいいのだ。

ポテトコロッケだけでなく、クリームコロッケなどというものも流行ったこともあったが、上品過ぎて、Ｂ級グルメの仲間には入らなかった。コロッケも元はクロケットという西洋料理ではある。いろいろ説はあるが、今はすっかり日本語になってしまっていて、詮索するのも無意味な気がする。

カツ丼

カツ丼を初めて食べたのは、津で会社勤めをしていた頃、名古屋まで買い物に出かけた時だったと思う。カツ丼史としてはかなり初期だったと思う。だが、そのときの記憶は美味しかったという以外にあまりはっきりしない。強烈な印象が残ったのは、都立台東商業高校定時制の栄養士として面接を受けた時である。ご馳走になったのは近所のそば屋からの出前であった。かなり味が濃かったが、また食べたいと思うほどには美味しかった。学校では、客に出すのはカツ丼と決まっていたらしく、そば屋の出前がよく学校に出入りするのを見かけた。

カツ丼は私のその後の食の歴史の中にかなりのウエイトを占めるようになった。カツさえ揚げておけば自分で作ることも難しいことではない。肉好きな次男の弁当にも取り入れた。若者だけでない。老人ホームの献立にもちゃんと取り入れられている。これこそ、洋風素材の究極の和食ではないか。

ちなみに、カツを油で揚げるのは洋式ではない。イタリアでは、少ない油で焼く。たっぷりの油で揚げるのは、天ぷら方式である。その天ぷらは十六、七世紀にポルトガルあたりから伝来したものらしい。

五章　外に出る主婦たちとファストフード

大昔から人類は男も女も働かなければ食べていけない時代が長かったはずである。男は育児を担うことはできても出産は女にしかできないことだから、ある種の分業はあったにせよ、妻を働かせることが男の甲斐性無しの証しに思われる社会がはじまったのは、そんなに古いことではないだろう。

時代の風は女にも吹くようになった。必要に迫られてであれ、自己実現のためであれ、女が外に出て働くことが増えると、家庭の食事にも変化が表れる。

男たちは●これがわが家の現実

カレーうどん　新妻の豹変

ある日夫が、私が作る料理で一番好きなのはカレーうどんだ、と不意に言った。これは私にとってかなり新しい料理であった。ちょっと意表をつかれる思いだった。

結婚した当時、夫は何を出しても感激していた。自分は家族が多かったから、こんな細やかなことはしてもらったことがない、などと。

私だって大家族だったらこんなことはしなかっただろう。

例えば、初めのうち、朝食はご飯にしていたから大根おろしをつける。しらす干しをのせて、お酢と醤油を少し垂らす。私はさほど好きではなかったから、銘々に分けず、夫が多くとれるように、スプーンをさして、真ん中に置いた。それで感激されたら楽勝だ。

だが時が経ち、私は細やかなふりをすることはやめた。そして、子どもたちを朝早く学校に送りだす必要がなくなると早起きもやめた。もともと早起きは苦手だった。それでもこれまで遅刻することもさせることもなかったのは、多分、A型気質とかいうものだろう。ところが、年とった今は寝坊ができない。これは、年齢のせいかもしれないし、横になっていると余計脚が痛くなるという体調のせいもあるのだろう。

夫は早起きだったが、大学勤めだったから、出かける時間は一定ではなかった。早いときはめっぽう早い。それに合わせようとすると、いきおい、私は寝起きの仏頂面で朝食に向かうことになる。

小田急線の沿線は開発が進んで、引っ越してきた頃に比べて、朝の通勤時間帯は電車も混むようになってきた。座間は急行が止まらないから、三駅先の相模大野で急行に乗り換えようとすると、ぜったいに座れない。相模大野から約一時間、立ちっぱなしとなる。そこであるとき、夫が言った。

「朝ご飯はいらない。急行は座れないから各駅停車に乗って行く。新宿駅の構内には、い、い、いりましな朝食を食べさせてくれる店がいくらもある」

喜ぶべきか、反省すべきか。私は喜ぶ方を選んだ。もう新妻ではない。無理をしなくてもいい。以後、夫は週に何度かは、私の寝ているうちに出かけて行くようになった。

「おかげで読みたかった『大菩薩峠』を電車の中で読み通せた」そうだ。これは中里介山の全四十一巻の未完の巨篇である。夫の本棚にはその文庫本がずらーっと並んでいた。

朝食作りをさぼった代りというわけでもないが、夫が学校に出かけない日は昼食をちゃんと作った。とはいえ、多分に私好みのメニューであったが、結構バラエティには富んでいたはずである。和洋中華の麺類・ラーメン、タンメン、横浜サンマーメン、といったスープソバ系。柔らかいヤキソバ、かたいヤキソバ、ソースヤキソバといった皿もの。うどん各種、そば各種、ナポリタンだけでなく、本格的なスパゲッティやマカロニなど。夫のためなのか自分の好みの押し付けだったのか。多分、両方だっただろう。

ラーメンの類いは袋入りの即席ラーメンをベースにいろいろ手を加えれば、手間いらずで結構美味しくできる。多分、慣れだったかもしれないが、店のものより美味しいとさえ思っていた。少なくとも、塩分は自分で加減することができた。

ちなみに横浜サンマーメンとは、醤油ラーメンに、モヤシを主とした細切り野菜と豚肉を炒めてとろみをつけてのせたもので、横浜では古くから食べられていたらしい。私好みだったので、たちまちわが家の昼食の主力となった。

麺のほかには、チャーハン、カレーチャーハン、カレーライス、ドライカレー、オムライスといった皿物も。なんだかお子さま向きという感じがしないわけでもないが、これが私の好みだった。

そんな中で、夫はカレーうどんがとくに気に入ったらしい。私の料理の中で一番好きだ、とその頃にしては珍しく褒めた。もう若い時のようになんでも有難がるということはなかったから、本気で褒めたのだろう。褒めておけば何度でも作ってくれるという計算もあったかもしれない。わが家のカレーうどんは、もちろん私流の特製料理である。

タマネギの櫛切りをよく炒め、鶏肉と生椎茸を加え、醤油味でみりんを少し、そしてカレー粉を入れた。ダシは市販の粉かつお節を使った。この市販の粉末ダシは、かなりの抵抗の後、ついに抵抗するのをやめた既製品の一つである。ある年、お中元に粉末のダシをどっさりもらったことを言い訳として、ついに陥落したのだった。

最後の仕上げに片栗粉でとろみをつけて、温めたうどんにかけた。うどんは冷凍の讃岐うどんを使った。

男の料理　息子たちの場合

ここ、老人ホームの食堂で同席する男性T氏は、現役時代、なかなかの働き手であったらしく、いろいろ手柄話をしたがる。だが、と言うべきか従ってと言うべきか、料理に関してはまったく無関心だったらしく、奥さんまかせで、それが当然だと思っていたらしい。

だが、男が料理することが珍しくない時代も来ている。わが家の男たちの例を挙げてみよう。

子どもは小さいうちから料理を手伝わせると良いということは聞いてはいたが、実際問題として、子どもが手伝いたいとは言わなかったし、こちらもあえてそんな時間を作る余裕はなかった。

結果として、食べる経験は積んでも、作る方はまったく未経験で大人になっていた。ただ、食卓では料理が話題に上ることは少なくなかったから、無関心ではなかっただろう。

〈長男の場合〉

長男は博士課程在学中にフランスに留学したが、一年目はフランス政府が用意してくれた学生寮に入ることになっていたので、とくに心配はしなかった。自炊する気満々だったらしく、さっそく調理道具を買いそろえたと写真付きで報告があった。そして、いくつかの料理のレシピを送ってくれと言ってきた。私は、カレーライスやチャーハンなどのレシピを書き送ったところ、

「ばかにするな」と返事が来た。

「へえ、それじゃ、どんな料理が作りたいの?」ときけば、

「きんぴら」だと!

「ごぼうが手に入るのか?」ときけば、そこまでは考えていなかったらしく、降参してきた。まあ、その程度のことらしかった。

同じ寮に入った日本人留学生が集まって外国から来た留学生たちに天ぷらをご馳走したと報告がきたが、張り切ったのはそのあたりまでで、あとは学生食堂を利用することが多くなったらしい。

「食堂の料理に塩味がない」などと、ぶつぶつ言ってきたこともあったが、やはり日本食は塩分が多かったのか?

だが、さらに何年か経って、パリのレストランで私が食事したときは、かなり塩気が強いと

感じたので、一概には言えないらしい。

ともあれ、長男が張り切っていた自炊がどこまで続いたか。

今は日本で家庭をもっているが、少なくとも皿洗いはやっているらしい。父親よりはましだ。


〈次男の場合〉


次男は大学生になって、突然、下宿したいと言いだした。理由をきいてみると、

「友だちと遅くまで話し込んでいても、自分だけ帰らなくてはならなくなってつまらない」

ということだった。次男の大学、多摩美術大学は八王子からバスでそんなにかからない位置にあって、わが家から通えない距離ではなかった。だが、友人たちの多くは地方から出てきていて、ほとんどが八王子に下宿していた。心情は理解できたが、おいそれと許すことはできなかった。そこで一計を案じ、この機会に家事の修業をさせてみることにした。花嫁修業ならぬ花婿修業である。

家事の道具を買い与え、その上でいっさい親を頼らないこととしたのだ。洗濯物は持ち帰らない。食事は自炊。外食するにしても小遣いの範囲内。

独立するにあたって、私が、

「少しは料理の実習をしてみれば？」

というと、

「チャーハンだけでいいから作ってみる」ということになった。結構覚えはいいようだった。

そのほかに私の本棚から、『食品成分表』と何冊かの料理本を抜き取って、

「これでいい」という。

勇んで独立した息子は、後に結婚することになる同級生の彼女によれば、さっそく友だちを集めて、料理をしていたらしい。手慣れたように見えたとか。タマネギと肉のトマト味のイタリア風の鍋など作っていたらしい。中学生の時のイタリア体験以来、イタリアづいていたようだ。

結婚してからも、息子に言わせれば「彼女より料理はうまい」ということだった。洗いものもちゃんとしているようであった。

そして、あるとき、彼女の両親がやってくるからと、私たちも食事に招待してくれた。なんと、本を見ながら本格的な和食のコースに挑戦していたのだった。そんなものは私も作ったことはなかった。前菜からはじまって一品ごとに説明がはいる。ひとつだけはっきり覚えているのは〈海老しんじょ〉だった。息子は私に、

「これなにか知っている?」と挑戦的にたずねた。

家庭料理として作ったことはなかったが、栄養士の常識として知ってはいた。息子は、

「へえ、知っているの?」と意外そうに言った。

別の機会に、スパゲッティをご馳走してくれたときも、結構本格的で、手慣れた様子だった。まあ、花婿修業は無駄ではなかったらしい。

次男が元々料理のセンスがあったとは言わない。あえて手伝わせることはしなかったが、手料理はしっかり食べさせていた。食に関心を持たせる環境ではあったと思う。これは夫の場合と比べてみると違いは明らかである。

夫は七人兄妹の長兄。下の六人はすべて妹であった。七人全員がとびきりの親孝行である上に、妹たちは夫を「お兄さん、お兄さん」と奉っていた。家事を手伝うどころではない。

進学のために上京しても、戦後間もない当時は料理などというしゃれたことをする環境ではなかっただろう。外食券食堂というのがあって、配給された外食券で外食していたようだ。

就職して下宿しても、まだあまり状況は変わらなかっただろう。やがて、妹たちが、順番に上京してきて学校に通うようになると、同居させて食事の世話をさせるようになる。結婚するまでそういう状態であったらしい。

結婚前、一度だけご馳走してくれたことがあった。

「ぼくのできる唯一の料理だ」ということであった。

あまり期待はしてはいなかったが、それはキャベツと豚肉だけの水煮鍋であった。

推して知るべし、である。

結婚後、夫は私が何を作っても感心し、感謝していた。約四十年経って、「本当はあまり好きではない」という料理が増えてきたが、私は、「もう遅い」とあまり取り合わなかった。あまり肉々しいのは好きではなかったようだった。そのくせ、豚カツやカツ丼は好きだと言う。私もビフテキやローストビーフの類いはあまり好きではなかったから、問題にはならなかった。

夫の場合　主婦が熱を出せば

子どもたちが独立して家を出て行ってからは、あまり手のかかる料理は作らなくなった。私も忙しくなって、うまいこと手を抜くことも覚えた。

ある年の二月頃、インフルエンザが流行って私も何十年ぶりかで罹ったことがあった。なんとなく熱っぽく、かったるくなって、「これは危ないぞ」と思った。少なくとも三日は熱が下がらないだろう。それくらいのことで息子たちを呼ぶことはできない。夫はあまりあてにならない。それに夜にならないと帰ってこない。携帯電話などない時だったから、「帰りになにか買ってきて」と頼むことはできない。そこで、私は熱の高くないうちに行動することにした。

三日間持たせることのできるものを作ろう。まず、買い物。在庫を確認した上でスーパーに行き、ジャガ芋とタマネギと人参を多めに買った。さらに豚コマとトマトと大豆の缶詰。これで大量の肉と野菜のトマトスープができる。具だくさんにすればいい。ポークビーンズのようなミネストローネのような、これはイタリアでは典型的な家庭料理である。ミカンやリンゴも買い足した。最後はパンである。食パンにした。冷蔵か冷凍かにして、その都度トースターで焼けばよい。

熱があまり上がらないうちにと、さっそく調理にかかった。ただ煮込むだけでよい超簡単料理である。

できあがると、食欲のあるうちにと、さっさと一人で食べた。あとは明日まで寝よう。

夫は帰ってくると、

「ぼくは何を食べればいい？」ときいた。私は冷たく、

「これでよかったら、たっぷりあるからどうぞ。それがいやなら、外で食べてきて」

と、突き放した。

夫はどこかへ食べに行ったらしい。ようやく熱の上がってきた私はそのまま眠った。

翌朝、夫はスープを温めてくれたり、リンゴをむいてくれたりはした。買い置きのレトルトのお粥を温めてくれたこともあった。そして、出かければ夕食は外で食べてきた。

予定どおり、私は四日目に起きだした。

さて、私と夫、どちらが冷たかったでしょう？

その後、私が入院退院を繰り返す間に、世の中はどんどん進んだらしい。自然の味から遠くなるという点では、進歩とは言えないかもしれないが、少なくとも、食品産業の発展は女性が外に出ることに手を貸した。一生の間に女性が産む子どもの数が減り、しかも長寿が保証されたとなれば、子や孫の世話で一生を終えろという方が難しい。子育てを終えて暇を持て余すようになっても、それでは家事にもっと入念に励もうという人は少ない。それでも、中には家事が好きで家事にいそしむ人もいるようだし、家事を究めてそれを職業とする人も増えた。女性の道に多様性が保証されることは結構なことである。

便利な製品がぞくぞくと●ファストフードへの道

冷凍食品、レトルト、フリーズドライとお総菜屋の繁盛

主婦などという言葉が生まれたのはいつのことか、中でも専業主婦などというものが生まれたのはそう古いことではなかっただろう。女も働かなければならない時代は太初《たいしょ》から続いていたに違いない。

また、別の理由、つまり夫の稼ぎでは豊かな生活ができないとか、女性も家事のほかに生き甲斐を持ちたいなどの理由で、再び、女が仕事をすることが珍しくなくなってきた今、家庭料理も変わりつつある。主婦が仕事帰りに夕食を買って帰ることも多くなった。

需要と供給どちらが先か、ともかく、主婦を助ける店は増えていった。最初、弁当屋がかなりのスピードで増えていったことは記憶にある。〈ほか弁〉の類いが増殖した。だが、主婦の手抜きを補うにはいまひとつ魅力がなかった。まさに弁当屋であった。そのうち、企業ではなく、主婦仲間が協働して切り盛りする弁当屋が近所にできた。ここは今も繁盛しているらしい。いつのまにか担い手はプロになっているらしいが。

企業は新しい製品を開発しつつあった。真空包装つまりレトルト食品や、フリーズドライといった新しい商品の開発も進んだ。お総菜の缶詰も増えた。そういったものを、私が入院している時、料理をしようとしない夫にあてがったこともあったし、外国に暮らす友人に送ったこともあった。だが、これらは日常の食生活にはあまり浸透しなかった。やはり、間に合わせの感が拭えないのだろう。

それらの中ではレトルト食品のお粥が便利そうだった。熱を出してからでは、お粥を食べたいと思っても、自分で作る気にはなれない。そういうとき、買い置きがあると便利だということに気がついて、いくつも買い込んだことがあった。でも、そんなときに限っていっこうに熱など出さず、結局、古くならないうちにとか言って、食べてしまった。結構味は良かった。良いお米を使っているようだった。

一方、冷凍食品の浸透は目覚ましかった。

食料品を扱う店はどこも冷凍ケースを備え、急増する冷凍食品に対応するようになった。冷凍技術の進歩は目を見張るものがあった。冷凍食品に電子レンジは欠かせない。〈チン〉という言葉は端的にその便利さを表している。電子レンジの普及は家庭の冷凍冷蔵庫の大型化にも拍車をかけた。つい買い込んでは使うのを忘れるなどということもあったが、まあ、役に立ったと言えるだろう。

料理のレシピにも、電子レンジの利用が目立つようになった。テレビで料理の講師が、下ごしらえになんでもチンしてしまうのを、半ばあきれ、半ば感心して見ていた。私がホームに入居して、レンジを使わなくなってからも、きっと性能はどんどんよくなっているのだろう。

夫は、はなから料理を拒んできたが、レンジのチンだけは覚えて、私が留守をするときは、冷凍食品と電子レンジでなんとか間に合わせることも増えた。中ではピザがお気に入りだったようだ。

冷凍食品には素材を冷凍したものと、調理したものを冷凍したものがある。

素材とはいえ、少しは加熱してあるようだ。主なものにミックスベジタブルがある。グリーンピース、人参、コーンが大きさを揃えられて冷凍されている。これはかなり便利に使われている。老人ホームの料理の、例えばオムライスなんかにも入っていたりする。

ポテトの半加工品もあったが、これは買わずじまいだった。

ほかにグリーンピースやコーンが単独で売られているが、なんといっても加工食品が多い。餃子にシュウマイは夫と二人暮らしになってからはたまに買うこともあった。外に出る機会が増えると、手作りへのこだわりは次第に薄れていった。

冷凍ケースでさらに目立つのは五目ご飯やチャーハンの類いであった。意外に美味しかったから、一人の時はたまに食べた。もう一つ便利だったのは茹で麺、讃岐うどんだった。思ったより柔らかくて、重宝した。

私が栄養士として働いていた六十年前には職場にもまだ冷蔵庫はなかった。一般の家庭にもあまり普及していない時代だった。今は老人ホームの献立に冷凍食品が当たり前のように使われている。例えば、朝食に週一の頻度で供されるオムレツは形が整い過ぎていて、もしやと思っていたら、やはり冷凍食品であった。隔世の感がある。シュウマイ、餃子も同様である。

次に出合ったのは、お総菜屋であった。チェーン店が増えはじめた。好きな料理を選び、目方で計算する。お弁当もあり、ご飯だけというのもあって選ぶことができた。そういうお総菜屋は私の利用する座間の駅前にも開店し、しばらく重宝させてもらった。その頃にはスーパーでもお総菜に力を入れるようになっていて、たまには目新しいものも加えて、夫が待っているときもあまり言い訳することもなく、買って帰ることが多くなった。

だが、やがて飽きがくるようになった。塩分の強さも気になるようになった。

つぎに、何が出てくるだろう。と思っていると、〈宅配弁当〉のチラシが目に付くようになった。需要は多いのだろう。月に何度も見かけるようになった。

老人ホームに入って、食事の心配をする必要がなくなっても、たまの外出時には外食をすることが楽しみになった。ここから近い新横浜駅ビルの食堂街や、病院の帰りに寄る店では和洋中華、さまざまな味が楽しめる。

また、近所にしゃれた結婚式場ができ、式のない日には曜日によってだが、レストランとして解放されている。まず、子連れの若い母親が多いことに驚かされる。夫にも姑にも気兼ねすることのない若い母親たちなのだろう。

そこには主婦業から解放された自由な母親の姿が見られるだけでなく、その先に、家事から解放され仕事を続ける女性たちの未来も想像される（採算が合わなかったのか、そのうちレストランは閉店した）。

そういう感慨にふけっていると、朝日新聞の記事に驚かされた。

「変わる家族、手料理も外注」（二〇一七年一月七日）という記事である。

家事代行会社によるさまざまな料理が家庭に届けられるということである。

家事と育児から女性はどこまで解放されるのか、手放しで歓迎できることなのか、問題もいろいろ出てくるかもしれない。目が離せない。

生活協同組合●神奈川生協の場合

子どもが学校に行くようになると、ＰＴＡが待っていた。ＰＴＡ活動については、その問題点を耳にすることもあったが、だれかがやらなければならないなら、最低限の義務は果たそうと考えた。いざ飛び込んでみたら、たしかに問題はあったが、同時にその問題を真面目に考える人も多いことがわかり、友人が増えるきっかけとなった。ドラマや小説で扱われるような女同士の虚飾に満ちた人間関係とは無縁の、真摯《しんし》で楽しい人間関係を築くことができる世界があった。彼女たちとの交友は今も続いている。

その頃、食品添加物が問題視されるようになり、とくに加工食品を開発していた大企業に対する不安が広まりつつあった。そんなとき、横浜生協（後に、神奈川生協→コープかながわ→ユーコープ）が無添加のハム、ソーセージを開発したという記事が目に留まった。遠い存在だった生協が一気に近づいたように思われた。

生協とはなんぞや？　私はさっそく調べてみた。

生協とは、十九世紀、イギリスの産業革命によって飛躍的に生産が伸びた陰で、労働者たちが劣悪な労働環境を強いられ、不公正な商品取引や混ぜ物の多い食べ物を押し付けられたことに反発して、立ち上げられた組織であるということがわかった。

マンチェスター近くのロッチデールという町で、織物工たちによって自らの手でより良い社会を生みだそうと立ち上げられた「ロッチデール公正開拓者組合」が元になって、世界中にひろまった組織だということである。この組合が運営原則としたのは、噛み砕いていえば、「儲けは分配する。公正な取引。品質の向上。そして、政治的・宗教的な中立」などである。この「ロッチデール原則」の精神は今日の世界の協同組合原則に受け継がれているとか。

まずイギリス各地に協同組合が設立され、やがて世界中に広まっていった。日本では一九二一年以後、神戸生協や灘生協をはじめ、各地域、各大学に広まっていった。

ここで思い出すのは、母が口にしていた〈購買〉なるものである。戦後まもなくだったか、母がときどきいそいそと出かけて行ったのはこの購買ではなかったか？　遡ればどうやら、これも生協につながるものであったらしい。

それはさておき、私が横浜生協を知ったのは、まさに班活動による生協運動が頂点に達しようという時であったらしい。

新聞記事で横浜生協のことを知った私は、さっそくＰＴＡで知り合った友人に相談してみた。すると、団地内ですでに生協は組織されているということであった。横浜市内のその大規模団地は段階的に入居が進められていて、私が入居したのはかなり遅かった。

そして、横浜生協の班が、同じ棟にすでに存在することもその時初めて知った。

その頃、私は週に二回、都心までイタリア語の勉強に通っていて、地域ではＰＴＡ以外の付き合いはなかった。

私はさっそく仲間に入れてもらった。近所付き合いが一気に進んだ。

共同購入をするには班に入れてもらわなければならない。班長は、班員の希望を集計して注文を出し、品物が届くと、それを確認して班員に知らせ、集ってきた人に配る。だれかがやらなければならない当然の仕事ではあったが、ここでも班長の当番や、さらに本部役員の問題があった。

子どもが小さいなどの理由で、班長の当番になり手が少なく、結局、下の子が幼稚園に入っていて、手がかからないという理由で、私は繰り返し当番を引き受けることになった。やむなく二、三回続けて引き受けているうち、消費者委員、店舗設立委員と引き込まれて行った。

当時、横浜生協の本部は、横浜の片倉町にあった。教えてもらったとおり、団地の裏を通る市営バスに乗ったが、片倉まではかなりの距離だった。小一時間もかかっただろうか。何か月かに一度、本部で開かれた消費者委員会では新しく開発しようとする商品の検討もされていて、勉強にはなったが、疲れたし、のめり込むのも怖かった。

その頃、生協の消費者委員会の活動がＮＨＫで取り上げられて、各地の消費者委員が出演することになった。初めての経験だったから、張り切って意見を述べるつもりで出向いたところ、なんと発言時間は極端に制限され、発言が重複しないように事前に調整され、おかげで言いたいことの十分の一も言えなかった。その後、テレビ神奈川から地域活動のことでも取材を受けたことがあったし、老人ホームに入ってからは、ホームに関することで、シンガポール放送局と読売テレビがわざわざここにやってきて取材を受けたが、いずれも、消化不良であった。思うに、局では初めから放送内容が予定されていて、私がなにを言おうが、予定どおりにまとめてしまうものだと学んだ。新聞の取材も受けたことがあったがたいして変わりはない。

生協の話に戻る。活動にのめり込みそうになりながら、私は、待てよ、とそこで立ち止まった。

こういう活動は、一人の百歩より百人の一歩の方が望ましいのではないか？　そう思って、若い人に譲って一組合員に戻った。

自分には一人で百歩進みたい別の道が見えていて、その道に戻りたかった。もう、充分、百人の一歩の役割は果たしたと思ったのだ。

ところで、当時はあたかも政治の時代であった。革新政党が躍進し、団地内の生協活動にも政争がもちこまれていた。生協は政治的、宗教的中立が原則ではなかったか？　団地内には、横浜生協のほかにみどり生協というのもあって、政党の活動分子が組合員を増やすことに背後で働いているという噂が立った。そして、この噂が根も葉もないことではないという場面に出くわすこともあった。あるとき、店舗設立のための署名のお願いにまわっていたときのこと。あるお宅で、インターフォンで趣旨を言ったとたん、男性の声で、

「うちは○○党ですから！」とピシャッと、断られたのだ。

地域に大型店舗を出店するには、地域の住民がその店を希望しているという意思表示が必要だった。また、近所に競合する店があれば、事前に調整する必要があった。この団地内の店舗の場合、競合する商店は存在しなかったが、引っ越した先の座間の場合は、近隣に競合する店舗があって、話し合いをした結果、生協には酒類を置かなかったと聞いた。

民衆の味方を標榜する政党同士がこんなことで争うなど、とんでもない！　政党の地域活動は民衆を政治に目覚めさせるかもしれないが、争いを生むこともあるということがわかった。今回は結局、活動家の個人プレーであることがわかったが、私の生協活動への熱は急速に冷めていった。

やがて引っ越した座間市でも新しい生協の店舗が完成しつつあったが、ここでは、そのような争いとは無縁のようであった。横浜生協は神奈川生協となってずっと鷹揚に構えていたし、みどり生協はいつのまにか生活クラブ生協と名を変えて、より純粋なイメージで組合員を集めていた。どちらにも加入する者もいた。生活クラブ生協もささやかな店舗を持ち、デポという活動で信奉者を集め、現在も活動しているようである。

座間では、神奈川生協の大型店舗ができると、やがて班活動は解消された。大企業は消費者のニーズに歩み寄り、生協は独自に開発した商品の生産に大企業の設備を共同利用することが増え、次第に生協活動の意義や独自性が薄れていった感があった。共同購入を経験しない新しい組合員は、生協の成り立ちには無関心な、そして、組合員の出資金で運営されていることにも無知な、生協の店舗のただの利用者になり、市内に増えつつあった大型スーパーとの違いにも無頓着になって、そちらに流れる客も多くなっていった。座間の生協の店舗は次第に衰退していった。

そういう事態を受け、生協は商品の宅配事業を拡大し、忙しい人や高齢者の便をはかるようになり、宅配が扱う品目は、下手すると店舗の品揃えより豊かになった感があった。かくいう私も、忙しくなったことと、重い荷物を運ぶことに疲れて、宅配事業をありがたく利用させてもらうようになった。これが時の流れというものだろうか。どの生協も同じではないと思うが、これも現実である。老人ホームで暮らすようになって生協の現状にも疎くなったが、ときに、チラシに生協の広告が混じっていて、聞いたことがないような生協の名を見ることがある。頑張っている人たちがいるようだ。

ところで、生協が日常的に利用する便利な店になってしまっても、生協の成り立ちが頭から消えたわけではなかった。

座間の神奈川生協は一時期市内で最も床面積の大きい店舗であり、組合に加入していない人もただの大型スーパーとして利用している感があった。だが、一度も利用したことがないという人もいた。あるとき、

「あの店は、怖い人たちがやっているのでしょ?」
と、きかれて私は絶句した。世の中は広いとあらためて感じ入った。

学校給食●やっぱりカレーライス

主婦が職業をもつ家庭が増えると、学校給食の重要性が増してきた。じつは、学校給食の歴史は古い。明治二十二年山形で、おにぎりと塩鮭や野菜が供されたのがはじまりだという。さらに、明治四十年以降、各地で貧困児童などを対象に実施されてきたらしい。かく言う私もその恩恵を受けている。貧困家庭というわけではなかったから無料ではなかっただろうが、私の小学校では希望者に週一回、パンとシチュウが供された。好き嫌いが多く、やせっぽちな私のことを母が心配したのだろう、給食に参加させてくれた。三年生か四年生の頃だったと記憶する。当時裁縫室といっていた和室に数十人が集められてそろって食べた。二年下には妹がいたが、妹は好き嫌いもなくて、身体も大きく頑丈で、そんな必要はなかった。

あのミルクシチュウは美味しかった。肉が入っていたかどうか記憶はさだかではないが、キャベツとジャガ芋が美味しかったことは覚えている。

小学生全員に給食が供されるようになったのは、戦後間もない、昭和二十二年のことらしい。やがて、ユニセフから脱脂粉乳が、そして、アメリカから小麦粉が贈られて、学校給食が本格化した。

コッペパンと脱脂粉乳が学校給食のイメージとして一時期定着していた。そして、当時人気の副食は、クジラの竜田揚げだった。昭和四十年代に小学生だった長男にとっては救世主のようなおかずだったらしい。彼は房州の幼稚園で初めて出合った給食の豚の細切れが脂っぽいと、以来肉嫌いを公言していたが、クジラは別格のようだった。長じて、初めて家で牛肉を食べさせたとき、「クジラみたいで美味しい」と言ってみんなに笑われたことがあったくらいだ。長男は今でもクジラが好きらしい。

房州では今でもクジラを捕っている。許される範囲なのだろう。昨秋、夫の墓参に南房総市を訪れたとき、道の駅で食事したのだが、息子たちは当然のことのようにクジラの竜田揚げを食べていた。

一方、クジラに〈牛肉の代用食〉のイメージしか持てない私は、魚の〈漬け丼〉を選んだ。マグロではなく、地元で獲れたらしい青魚三種であったが、さすがに新鮮で美味しかった。これは給食には無理だ。

給食に戻る。その後、脱脂粉乳が牛乳になり、米飯が献立に仲間入りすると、子どもたちの一番の人気メニューはカレーライスとなった。今に至るもカレーライスの人気は衰えないという。やはり、カレーライスは日本食なのである。

全国学校給食甲子園というのがあるとか、その様子をテレビで放映していた。地元の食材を使い、子どもたちへの食育指導にも力を入れるところが増えているらしい。栄養士の力が試されてもいる。

脱脂粉乳が牛乳に、コッペパンが米飯に変わっただけでも事件だったのに、今や手抜きの家庭の昼食に比べると大変なご馳走である。

親の収入の格差はいっこうに是正されそうにない。どんなに外食産業が賑わっても、そんなものに無縁の子どもたちは多いのだ。学校給食の意義は大きい。給食の無償化が期待される。

今、多くの小中学校では給食があるが、それでもまだない地方もある。わが家の息子たちが通っていた横浜市の中学校には給食がなかった。今に至るも、ないという。母親の愛情が試されているとも聞くが、そんな時代なのだろうか？　もちろん公立の高校にもないだろう。かつて私が関わっていた夜間定時制高校には今でも給食はあって、一定の役割を担っているようである。

働く母親が増えた今、育ち盛りの中学、高校で昼食が母親の責任となっているとしたら、つらいことだろう。

会席料理の変遷●祝宴から仏事まで、房州の場合

都会では、結婚式をはじめ、仏事など人寄せを外食に頼ることはとっくに常態化している。田舎でも、一歩遅れて追いついてきている。以下は夫の故郷、千葉県南房総市、かつての安房郡和田町の仏事の事例である。

お葬式のあとの会食、精進落としの形態は、昭和四十年代くらいからかなりのスピードで変化してきたように思う。例えば、私が、房州の夫の実家で暮らしていた昭和三十八～四十年頃、近所でお葬式があった。そういうときは、向こう三軒両隣、各戸から必ず一人は手伝いに出るしきたりで、料理も、おそらく割り振られていたのだろう。持ち寄りであった。なにもわからないまま、私は下働きをしていたが、食べるだけは食べた覚えがある。献立のすべてを覚えているわけではないが、煮魚、根菜の煮物。魚や野菜は土地でとれたもので、材料が新鮮なだけにどれも素朴ながら美味しかった。そして、初めての味として、卯の花（おから）の酢の物が印象に残っている。卯の花の煮物は好きでよく作ったが酢の物は初めての味だった。自分でも作ってみようと思うほどの魅力はなかったが、それなりに美味しかった。

ついで、四十年代の半ば、舅の葬儀の時も、自宅で同じように精進落としが行われたが、その時もまだ向こう三軒両隣のしきたりが守られていた。

ところが、その舅の年忌、三回忌、七回忌の頃は、場所はまだ自宅であったが、車で三十分かかる館山市の仕出屋から器ごとそっくり取り寄せた。お汁だけは温めたものの、とくに天ぷらが冷めていて、お世辞にも美味しいとは言えなかった。そんな中で、親戚の一人が手作りしてきてくれたスパゲッティのマヨネーズ和えが人気を集めていた。ほっとする美味しさだったことを記憶している。

仕出し会食が二度続いた後は、町にできた民宿がはじめた料理屋での会食になった。それは今でも続いている。材料は新鮮、料理も家庭料理の素朴さを残していて美味しい。

終章　食の未来を見据えて

スロ－フ－ド●夢と現実

世の中がせわしなく進歩を求める中で、それにＮＯを申し立てるスローフードの思想が生まれてきた。

スローフードというのは、一九八六年にイタリアのピエモンテ州のブラではじまり、国際的な拡がりをもつようになった社会運動で、土地ごとの伝統的な食文化や食材を見直す運動、またはその食品自体を指す。

この運動は、日本ではまだあまり拡がっているようには見えないが、例えば、先に書いた全国学校給食甲子園で、地産地消を目指して頑張っている北海道の給食の取り組みなどはこれに当たるかもしれない。ほかにもなかなか表には出てこないが、消えたわけではなさそうだ。

家庭にしばられ、夢をもつことさえ許されなかった女性たちが、ようやく羽ばたこうとして動き出したとき、それを助けたのはまず、スローフードとは真逆のファストフードであった。ファミレスにはじまる外食産業の隆盛、インスタント食品をはじめとする食品の工場生産化などである。こういった、ある意味第二の産業革命は、たしかに女性の家事からの解放を助けたが、当然、それに対する反動も起ってくる。食の安全の問題だけではない。全国的な味覚の画一化。列島工場化。それらは文化の画一化をも招きかねない。

保育園不足に対して過激な声をあげたり、家事を簡素化しようとする女性への非難は、女性だけが受けなければならないことだろうか。

人口の減少にもかかわらず、経済の成長こそが国の幸福度を増すという幻想にも問題はあるのではないか。そのことに気づいていた人も少なくなかったからこそ、ブータン王国の国民総幸福度が話題になったのではないか。

五～六十年前、私が働きに出ていたころ、終業時間午後五時は当たり前だった。近年過労死が話題になり、ようやく解決策が出されるかと期待してみれば、なんと〈夜八時終業の徹底〉と、驚くほど生ぬるいものだった。これでは早晩逆戻りは目に見えている。日本の男は何のために頑張っているのだろうか。消費する人口は減りつつあるというのに、どうして、高度成長期と同じように増産しつづけなければならないのか？　そして、女性が社会に出るとは、そんな男たちに肩を並べることなのだろうか。

今の日本では、そこまで頑張らなければ生き甲斐を見いだせないのだろうか？　異議を申し立てたい男性も少なくないはずだ。いや、どんなに働いても報われない非正規労働が増える現状では、解決は難しいように思われる。もう少し大きな目で食の問題を考えるときではなかろうか。

人口が集中する都市では、地産地消も夢に過ぎない。理想的な人口の分散は、押し付けでは成功しない。地方の魅力を創出するものは何であろう？

大きな波ではなくても、地方への回帰を果たす人たちもいる。朝日新聞夕刊の特集（「田園回帰をたどって」二〇一七年三月六日〜全十回）はその一端を伝えている。

また、二〇一三年には藻谷浩介氏の『里山資本主義』（角川書店）が売れたというから、田舎への回帰願望は少なからずあるのだろう。

私は、里山というものをなにか自分とは関係のない、一種のあこがれをもって想像していた時があったが、じつは案外身近に存在するのだということに気づくようになった。今、高速道路で都会を離れると、いたるところでそのことを実感することができる。

日本には低い山が多い。その低い山は多様な低木に覆われている。その山の懐には今でもあちこちに集落が見られる。小川が流れ、水田と畑が、人家とほどよい距離で配置されている。これらは自然に形成された地形ではなく、人間がたゆまず手を入れ続けてきて形成され、保たれてきたのだ。

その里山が〈夢のふるさと〉になってしまった。ふるさとは、かつて、二、三男が働き場所を求め、青雲の志を抱いて家を出て偲ぶものであった。今は長男までが家を出る時代だ。彼らが偲ぶふるさとは守る者がいなくなって、荒れるほかない。

スローフード運動とは、〈夢のふるさと〉になってしまった里山を日常に帰すことなのだろうか。

そうでもないと思う。発想の転換で新しい価値を創出しなければならないのだろう。『里山資本主義』では、中国山地の例を示していたが、そこでは、林業に新しい価値を見いだしていた。希望の感じられる事例ではあるが、さらに拡がりを期待できるのだろうか。

和食への回帰？●土井善晴氏の一汁一菜の提案

日本人が体格面にのみ気をとられて食生活の欧米化を推し進めてきた結果、健康面に著しい問題を生じるようになってきた。飽食日本という言葉は最近あまり聞かれなくなったが、肥満や、コレステロールなどを気にする人が増えたことは確かだ。もちろん、満足に食事もとれない人々もまだいる。貧富の差が無視できないほどに広がろうとしてもいる。

また、料理の多様化は、それに追いつけない人々に焦燥感をもたらすようにもなったらしい。土井善晴氏の「一汁一菜でよい」という提案は、料理を楽しむことより、作らなければならないという強迫感を抱く人々の存在が無視できない程になってきていることを示している。

だが、料理の多様性を楽しむことを覚えた人々が、容易に後戻りするとも思えない。簡単に解決できることではないかもしれないが考えなければならないことであろう。

解説

体験から見えた日本の食文化

石井 正己

私たち昔話研究者は、イタリアの昔話といえば、すぐにも剣持弘子さんの顔が思い浮かびます。編訳書の『イタリアの昔話』(三弥井書店・一九九二年)は、昔話研究の必読書だからです。これは、イタリア滞在中に教えを受けたフィレンツェ大学教授のガストーネ・ヴェントゥレッリが集めた『トスカーナ地方の民話資料』から、二十五話を翻訳したものです。イタリアで昔話が語られる現場に立ち会った経験を生かしつつ、原資料から翻訳した画期的な労作でした。

ヨーロッパの昔話では、ドイツの『グリム童話集』がよく知られています。しかし、十九世紀の初めの発刊ですから、そう古いものではありません。最も古い昔話集はイタリアで生まれました。十六世紀半ばにストラパローラの『たのしい夜』、一世紀後にバジーレの『お話の中のお話(ペンタメローネ)』が発行されています。イタリアはヨーロッパの昔話の原郷でした。そうした昔話の宝庫に剣持さんは果敢に飛び込んで、誰よりも深くその世界をとらえました。その結果、『グリム童話集』に片寄ったヨーロッパの昔話研究はすっかり変わりました。

さらに、日本民話の会では仲間とともに外国民話研究会を組織し、編訳書の『世界の愚か村話』（三弥井書店・一九九五年）、『世界の花と草木の民話』（三弥井書店・二〇〇六年）など九冊を発刊してきました。昔話には世界各地に共通する話がたくさん見られますが、そうした不思議な現象を解明する学問に国際的な比較研究があります。それは一人では不可能で、異なる言語に精通した研究者の協働研究が必要です。剣持さんは最先端の国際的な比較研究の推進者として活動を重ねてきました。

＊

そうした活躍を知る人は、本書を見て、意外な印象を持つかもしれません。イタリアの体験や昔話を含むものの、全体を貫く基調は日本の食文化だからです。お母様の作る食事を原点として、ふるさと三重県津市の郷土料理に触れ、それを糧に女子栄養短期大学で学んで栄養士になりました。その後家庭に入って、移り住んだ各地域の食文化と出会い、その延長にイタリア滞在がありました。その後、怪我をされて老人ホームに入りましたので、筆はそこでの食事に及びます。ここに書かれた食文化は剣持さんの人生そのものです。

出版の一領域に自分史があります。パソコンが普及したこともあって、闘病記をはじめとして、おびただしい書物が発行されています。しかし、それらの多くは書いた本人と周辺の人々の話題に限定され、社会性が欠落しています。ところが、剣持さんは民話を題材にした出版に関わってきたこともあって、自分の体験がどのような意義を持つのかに自覚的です。本書は一見自分史のように見えますが、一貫しているのは体験から見える日本の食文化を書くという態度です。そうした方法によって、鋭い文明批評が展開されています。

本書では、昔話と食文化が抜き差しならない関係を持っています。昔話を語るのも食事を摂るのも民衆が営んできた文化である、という視点です。剣持さんの場合、生活圏が日本の東西を移動しましたので、「うどん●西のうどん、東のそば」「おでん・田楽●おでんの科学」「豆の話1●大豆と小豆」のような、食文化の東西比較が随所に見られます。これは昔話の比較研究で鍛えられてきた視点でしょう。なかでも、表題になった「カレーライス●カレーライスは日本食」という提言は、「和食」がユネスコの無形文化遺産になっただけに、窮屈な固定観念に異を唱える果敢な挑戦のように聞こえます。

*

また、本書を読んで驚くのは、「おじやの香り●子どもが熱を出せば」に見られる、「おじやの匂いは、病気が治っていく匂いであった」というような記述です。娘として、妻として、母としての経験から、こうした細やかな食文化の記憶が記されています。食文化というのは、人間の記憶の最も深いところに息づいているにちがいありません。それが剣持さんの指摘によって刺激され、私たちはいつの間にか、幼いときからの食文化の記憶と対話を始めていることに気がつきます。

本書に不思議な魅力が生まれた源泉が明かされているところがあります。近代文学の研究者であったご主人のことをはじめ、ご家族の話はさりげなく書かれています。しかし、「羊羹●「夜の梅」伝承」ではめずらしく、お祖母様が与謝野晶子の実妹であったことに触れています。剣持さんにはこんな血脈があったのかと驚きました。しかし、本書ののびのびとした文体は遺伝子のなせる技なのだと納得させられます。

それはともかくとして、こうして見事な食文化史を一冊にまとめたことには、深い感慨を抱かずにいられません。怪我をして老人ホームに入ってしまうと、社会から隔離されてしまいがちですが、剣持さんの生き方はずいぶん違いました。パソコンを駆使して原稿を書き、メールを使って情報を交換しています。新たな生活が、むしろ食文化への関心を深める契機になったように感じられます。心躍る文章によって食文化が発見され、人生と時代に鮮やかな彩りが添えられました。

思えば、優れた語り手は昔話の中に自分の人生を織り込んで語りますが、剣持さんも日本の食文化に自分の人生に重ねているようです。エッセイの形式によりながらも、「けっして単なる思い出話ではない」という通りであることに気がつきます。本書によって、昭和・平成の時代をたどりつつ、急速な国際化と情報化が進む食文化が実感できた、と思うのは私だけではないはずです。

（東京学芸大学教授）

謝辞

この本を単なる思い出話にしたくない私の意を酌んで解説を引き受けてくださった、民俗学者であり国文学者でもある、学会の畏友、東京学芸大学教授石井正己氏と、この本の元となった『津の味・母の味』の最初の読者である、津高の同期生とその他の友人たち、そして、忙しい本務の間を縫って料理などの写真を撮ってくださった、介護付き有料老人ホーム「せらび」の管理栄養士・山野井春佳さんに心からの感謝を捧げたい。

また、本書内でしばしば言行をばらされながら笑って許してくれた上、仕事の合間を縫って装丁やカットを引き受けてくれた次男章生とその妻晶子の二人にも感謝したい。

そして最後に、この出版不況の中で敢えて出版に踏み切ってくださった、母校、女子栄養大学の山根正彦常務理事、同出版部、ビーケイシー、ビードットの皆さんに、この場を借りてお礼申し上げる。

●**著者略歴**

剣持弘子（けんもちひろこ）

昭和8(1933)年、三重県津市に生まれる。女子栄養短期大学卒業後、都立台東商業高校（定時制）に栄養士として勤務。結婚後、子育てのかたわらイタリア語を学び、日本とイタリアの昔話を研究。1990年春から1年間イタリアに滞在し、フィレンツェ大学で民間伝承学を学ぶ。帰国後、日本女子大学人間社会学部文化学科で民俗学の講座を担当。定年後は地域の子ども文庫を主宰しつつ、研究をつづける。怪我で車椅子生活となるが、老人ホームで暮しながら、口承文芸学会をはじめ、複数の学会に所属して、研究、執筆活動をつづけ、現在に至る。著書に『イタリアの昔話』（三弥井書店）、『子どもに語る イタリアの昔話』（こぐま社）、絵本に『三つのオレンジ』（偕成社）、共著に『ガイドブック・世界の民話』（講談社）、論文に「イタリアから見た『赤ずきん』」（『昔話—研究と資料』30号）、「『三枚のお札』の成立」（口承文藝研究19号）ほか多数がある。

編集協力／株式会社ビーケイシー

カレーライスは日本食──わたしの体験的食文化史

2017年12月1日　初版第1刷発行

著　者　剣持弘子

発行者　香川明夫

発行所　女子栄養大学出版部

〒170-8481　東京都豊島区駒込3-24-3

TEL 03-3918-5411（営業）　03-3918-5301（編集）

http://www.eiyo21.com

振　替　00160-3-84647

印刷・製本／株式会社ビードット

ISBN978-4-7895-5454-1